한 날의 괴로움은
그 날로 족하니

한 날의 괴로움은 그 날로 족하니

지은이 김문훈
펴낸이 임상진
펴낸곳 (주)넥서스

초판 1쇄 발행 2018년 8월 5일
초판 2쇄 발행 2018년 8월 10일

출판신고 1992년 4월 3일 제311-2002-2호
10880 경기도 파주시 지목로 5
Tel (02)330-5500 Fax (02)330-5555

ISBN 979-11-6165-425-6 03230

저자와 출판사의 허락 없이 내용의 일부를
인용하거나 발췌하는 것을 금합니다.

저자와의 협의에 따라 인지는 붙이지 않습니다.

가격은 뒤표지에 있습니다.
잘못 만들어진 책은 구입처에서 바꾸어 드립니다.

www.nexusbook.com

김문훈 목사가 전하는
세.상.에.서.
기쁨으로 살아가기

한 날의 괴로움은 그 날로 족하니

김문훈 지음

넥서스CROSS

여는 글

행복해서 웃는 게 아니라
웃어서 행복한 것입니다

인생은 참 힘든 것 같습니다. 어느 인생 하나 평탄한 인생이 없듯이, 어느 인생 하나 하찮은 인생도 없습니다. 하나님께서는 우리를 귀한 존재로 창조하셨고, 너무나 사랑하신 나머지 죄 가운데 빠져 영원히 죽을 수밖에 없는 우리를 구원하시기 위해 독생자 예수 그리스도를 보내주셨습니다. 어느 부모가 하나밖에 없는 자녀를, 그것도 피조물을 위해 내어줄 수 있다는 말입니까? 이건 세상의 이치로는 도저히 상상조차 할 수 없는 일입니다. 그런 주님께서는 오늘도 우리 인생 가운데 임재해 계십니다. 인생이 너무나 고달파 쓰러진 우리에게 찾아와 손을 내밀며 "잡으라!"고 말씀하십니다.

인생은 전쟁과 같습니다. 싸우고 뒤돌아서면 또 다른 적이 기다리고 있습니다. 전쟁에서는 2등도 없고, 3등도 없습니다. 무조건 1등, 승리만이 살길입니다. 그런데 이 전쟁은 끝이 보이질 않습니다. 죽기 전에는 고된 전쟁의 여정 가운데서 헤어나올 길이 전혀 보이질 않습니다. 그래서인가요? 우리나라의 자살률이 많이 줄었다고 하나, 여전히 세계에서 상위권입니다. 나쁜 것은 굳이 상위

권일 필요가 없는데 말입니다. 어쨌거나 인생이 너무나 고되어 그 여정을 끝내고 싶어하는 분들이 참으로 많은 것은 사실입니다. 그러나 이러한 고난은 분명 우리가 반드시 넘어야 할 산입니다. 외면한다고 없어질 산이 아니라는 겁니다.

성경은 우리 인생사의 여러 갈림길을 보여줍니다. 선택은 오롯이 나 자신의 몫입니다. 이삭의 인생을 선택해도 좋습니다. 우리가 보기에 참으로 바보 같지만, 이삭의 인생은 하나님의 보호 본능을 자극해 백 배의 축복과 지경을 넓히게 되지요. 우리가 이삭과 같이 힘을 뺄 때, 유리알과 같이 깨지기 쉬운 우리의 연약함을 주님의 강함으로 단단히 해주십니다. 다니엘의 인생을 살고 싶다고요? 뜻을 정하고 그 정함대로 밀고 나가는 원칙주의자 다니엘, 그래서 풀무불에도 들어가고 사자 굴에도 들어갔지요. 그러나 그는 절대로 타협하지 않았습니다. 그래서 포로의 인생에서 총리에 오르는 위대한 인물이 되었지요. 당신은 어떤 인생을 선택하시겠습니까?

분명한 것은, 하나님께서 선택하고 사용하신 인생은 '감사하는 인생'이라는 것입니다. 이삭은 우물을 6번이나 빼앗기고 옮겨서 새로 팠어도 그가 잊지 않았던 것은 바로 돌멩이를 쌓아 하나님께 감사하고 예배한 것입니다. 다니엘은 '기-승-전-감사'의 인생을 살았습니다. 다윗은 감사를 넘어 춤을 추며 하나님을 찬양했습니다. 사도 바울은 감옥에서도 감사의 찬양을 불렀습니다. 결국 인생의 고된 여정을, 끝나지 않을 것 같은 고난의 산을 끝내는 방법은 바로 '감사'뿐입니다. 이것이 바로 인생에 쨍하고 해 뜰 날을 속히 가져다줄 유일한 지름길입니다. 하나님께 감사하는 사람은 '사·마·귀'사탄, 마귀, 귀신가 접근을 하지 못합니다.

$$GOOD - GOD = O$$
$$O + GOD = GOOD$$

얼마 전, 누군가 보내준 다음과 같은 수식을 우연히 본 적이 있습니다. 이 수식은 아무리 똑똑한 수학자라도, 논리학자라도 하나님을 믿지 않는다면 절대 알 수도 없고 이해도 못할 엄청난 수식입니다. 이 수식이야 말로, 세상을 기쁨으로 살아내는 법을 완벽하게 담아냈기 때문이죠. 다만, 우리 믿는 자들도 'GOOD-GOD=O'는 쉽게 이해할 수 있으나 'O+GOD=GOOD' 만큼은 쉽게 이해하고 실천할 수 없을 것입니다. 그 차이는 내가 종교인이냐, 아니면 진짜 주님의 자녀이냐에서 판가름 납니다. 신앙이 삶이 되지 못하면 결국 종교인일 뿐입니다. 세상이 볼 때 순진하고 멍청해 보여도 믿음이 자신의 삶이 될 때 비로소 진짜 주님의 자녀가 되는 것이죠.

    삶으로 평생 신앙을 지키고 믿음생활을 한다는 것은, 그렇게 세상을 살아간다는 건 참으로 어려운 일입니다. 그럼에도 우리는 실패하고 또 실패해도 주님께 돌이키는 삶을 살아야 합니다. 완벽한 사람은 없습니다. 성경속의 인물들처럼, 넘어지고 또 넘어져도 매순간 주님께 돌이키며 회개하여 다시 새롭게 살아가는 것! 그것이 바로 이 땅에서 우리가 계속 해나가야 할 일입니다. 행복해서 웃는 게 아닙니다. 똑같은 세상에 사는데 어찌 늘 행복만 하겠습니까? 사람은 다 비슷비슷하고 거기서 거깁니다. 다만 내가 조금 다른 건, 약할 때 강함 되시는 아버지 하나님께서 나의 등 뒤에서 졸지도 주무시지도 않고 눈동자와 같이 지켜주시는 축복을 가지고 있다는 것입니다.

이 책을 통해 부디 우리의 고된 인생 가운데 감사가 흘러넘치길 소망합니다. 독생자 예수 그리스도를 보내주신, 세상의 그 어떤 사랑보다도 큰 하나님의 사랑을 우리의 가슴에 품어 세상을 변화시킬 수 있길 소망합니다. 더 이상 종교인의 습성을 버리고, 진짜 그리스도인으로 거듭날 수 있길 소망합니다. 그때 주님은 우리를 이 세상 가운데 진정한 승리자가 되도록 도와주십니다. 아론과 훌이 모세의 손을 높이 들리게 하여 전장의 여호수아가 아말렉으로부터 대승을 거둔 것처럼, 삼위일체 되신 하나님께서 우리를 위해 손을 들고 중보하심을 잊지 마십시오. 그러면 여호수아가 대승을 거둔 것처럼 우리도 인생 가운데 참된 승리자가 될 수 있습니다.

행복한 포도원지기

김문훈 목사

차례

| 여는 글 |
행복해서 웃는 게 아니라 웃어서 행복한 것입니다 ...4

1. 인생, 고된 여정

한 날의 괴로움은 축복이다 ...14
인생은 항해와 같다 ...28
인생은 9회말 2아웃부터다 ...42
인생의 해답은 주님뿐이다 ...56

2. 고난, 넘어야 할 산

피할 수 없으면, 싸워 이겨라 ...72
구원은 벼랑 끝에서 시작한다 ...86
약할 때 강함을 경험하라 ...100
거룩할수록 핍박은 심하다 ...114

한 날의 괴로움은
그 날로 족하니

3 감사, 지름길

웃음을 잃지 마라 ...130

감사, 모든 것을 뛰어넘는 능력이다 ...144

하나님 마음에 합한 사람이 되라 ...158

예수님의 들러리로 살아가라 ...172

 4 사랑, 회복과 치유

하나님의 사랑은 바보 사랑이다 ...186

사랑으로 세상을 변화시키라 ...200

사랑의 메신저, 축복의 통로가 되라 ...212

삶 가운데 거룩을 회복하라 ...224

한 날의 괴로움은
그 날로 족하니

1

인생, 고된 여정

인생에서 진정 행복한 사람이 되기 위해서는 인생의 방향이 바르게 설정되어 있어야 한다. 우리는 주님께서 창조하실 때, 그분의 자녀로 창조되었다. 그분을 경배하고 찬양하기 위한 존재로 창조되었다. 때문에 우리 인생의 방향도 주님께 설정되어 있어야 한다.

그러므로 내일 일을 위하여 염려하지 말라
내일 일은 내일이 염려할 것이요
한 날의 괴로움은 그 날로 족하니라

마태복음 6:34

한 날의 괴로움은
축복이다

구약에는 수많은 율법이 기록되어 있다. 그 율법 중 '하라'는 것은 248개, '하지 말라'는 것은 365개다. 왜 '하라'는 것보다 '하지 말라'고 한 것이 더 많은가? 그건 바로 우리의 삶 속에 긍정보다는 부정적인 것이 훨씬 많음을 의미한다. 사람의 심리 중 2/3는 부정적인 것이라고 한다. 우리 자신을 돌아보라. 우리도 매순간 걱정을 태산같이 하면서 살고 있지는 않은가? 습관적으로 우울하다고 말하고 있지는 않은가? 이는 바로 우리에게 부정적인 감정이 긍정보다 강하다는 것을 대변한다. '장고長考 끝에 악수惡手를 둔다'라는 말이 있다. '죽 쑤어 개 준다'라는 속담도 있다. 모두 뭘 의미하는가? 결국 걱정만 태산같이 하다가 일을 그르치거나 다른 사람 좋은 일만 한다는 것 아닌가! 참으로 어리석은 일이다.

> "³¹그러므로 염려하여 이르기를 무엇을 먹을까 무엇을 마실까 무엇을 입을까 하지 말라 ³²이는 다 이방인들이 구하는 것이라 너희 하늘 아버지께서 이 모든 것이 너희에게 있어야 할 줄을 아시느니라 ³³그런즉 너희는 먼저 그의 나라와 그의 의를 구하라 그리하면 이 모든 것을 너희에게 더하시리라 ³⁴그러므로 내일 일을 위하여 염려하지 말라 내일 일은 내일이 염려할 것이요 한 날의 괴로움은 그 날로 족하니라"_마태복음 6:31~34

본문의 말씀을 보면, '염려하지 말라'는 말씀이 반복된다. 다시 말해, 우리 마음속에 주님을 향한 온전하고 완전한 신뢰와 의탁으로 믿고 맡기라는 말씀이다. 여기서 우리의 신앙이 진짜와 가짜로 구분된다. **진짜 신앙은 세상의 썩어 없어질, 불타고 사라질 것들을 걱정하며 살지 않는다. 주님께 모든 것을 의탁했기 때문이다.** 그러나 이방인들은 이 세상이 그들에게 전부이기에, 당장의 먹고 마시며 입고 쓸 것을 걱정하며 사는 것이다. 기독교인이라 말하면서 이방인들과 같은 염려 속에 살아간다면, 그건 가짜 신앙이다. 믿음의 사람은 오직 주님의 나라와 그의 의를 구하는 것이 마땅하다. 유한한 세상에 사는 것이 아닌 무한한 하나님 나라에 살고 있기 때문이다. 허무하게 굴복하고 어리석은 데 빠지는 미련함에 우리의 힘을 빼지 말라.

본질로 돌아가라

오늘날 사람들은 의식주와 함께 한 가지 더 걱정을 하며 산다. 바로 '통', 소통이다. 그런데 생각해보라. 최근 SNS가 발달해 가족이나 친구와 함께 한 공간에 있지 않아도 언제, 어디서나 늘 소통할 수 있다. 그럼에도 우리는 늘 외롭다고, 인생은 외로운 거라고 말한다. 사람의 곤고한 인생의 외로움은 해결이 안 되는 거라고 마치 철학자처럼 떠들며 스스로를 위로한다. 하나님께 직고하고 소통하며 독대하여 위로받고 해결받아야 하는 사람들이, 하나님과의 소통은 걱정을 하지 않으면서 늘 사람들과의 소통과 의식주에 걱정하며 살아가니 해결이 되겠는가! 어딘가에 '하나님께는 신실하게, 인간에게는 진실하게, 코람데오'라고 적혀 있는 것을 보았다. 하나님 앞에 신실하고 사람들 앞에 진실하면 결국엔 통한다.

우리가 진정으로 예수님을 만나면 변화되기 마련이다. 즉 우리의 가치관이 송두리째 바뀌고, 세계관이 변화된다. 가치관이 바뀌니 당연히 옛날에 그렇게 좋아했던 것들이 시시하게 느껴지고, 목숨 걸고 애지중지하던 것들이 너무나도 하찮게 여겨지는 것이다. 이렇게 되면 자연스럽게 세상의 악과 죄를 짓는 데 있어서 미련한 곰처럼 무뎌지게 된다. 더 이상 세상의 것에 매력을 느끼지 못하게 되는 것이다. 인생의 우선순위가 결정되니, 염려가 가득했던 마음도 안정을 찾게 된다. 어디서 보니 '나는 구하고, 주님은 더한다'라는 글이 있었다. 우리가 구하면 주님께서는 복에 복을 더하신다는 것이다. 걱정만 태산같이 하지 말고, 먼저 그의 나라와 의를 구하라. 그러면 주님께서 우리에게 모든 것을 더하실 것이다.

우리 주님의 사랑은 위대하다. 우리가 죄인 되었을 때, 경건하지 않았을 때 우리를 먼저 사랑하셨다. 사랑할 가치도, 이유도 없는데 태초부터 우리를 정하고 사랑하신 것이다. 이게 우리와 이방인들과의 차이다. 먼저 사랑하고 구원하여 주신 주님인데, 하물며 우리의 형편을 모른 척하시겠는가! 다만 주님께서 우리에게 더하시기 전, 우리가 먼저 구하길 바라신다. 그런데 참으로 답답한 것은, 이런 주님을 두고 우리는 늘 내가 해결하기 위해 매일 아등바

등하며 살아간다. 또 걱정하고 근심하며 염려한다. 악순환이 반복되는 것이다. 우리의 우선순위가 회복되어야 이 악순환의 고리를 끊어버릴 수 있다. 다시 복음으로, 본질로 돌아가라. 우리의 본적은 하나님 나라에 있고, 우리는 하나님의 자녀다. 그 사랑 안에 거하면 모든 것이 해결된다.

몸이 건강한 사람은 기초 체력이 튼튼하다. 그 기초 체력은 부모님께로부터 물려받는 것이다. 삼시세끼 잘 먹고 운동과 생활 습관도 중요하지만, 기초 체력이 튼튼하지 못하면 아무리 좋은 습관을 가지고 행동을 한다고 해도 결정적일 때 골골하게 된다. '가화만사성'家和萬事成이라는 한자성어가 있다. 집안이 화목하면 모든 일이 잘 이루어진다는 것이다. 마찬가지로 우리의 소속은 하나님 나라, 주님께 소속된 영혼이다. 그 소속이 분명하지 않으면 당연히 골골되고, 모든 일에 풀리지 않는 꼬임이 발생하게 되는 것이다. 바른 신앙, 바른 신학이 우리의 영육을 건강하고 강건하게 만든다. 천국 백성인 우리에게 복음이면 충분하다. 복음으로 변화된 순간, 우리의 모든 염려는 주님께서 해결해 주신다.

하나님의 자녀인 우리의 본업은 이 땅에 살면서 복음을 잘 전하는 것이다. 하나님께서는 우리에게 복음을 잘 전하라고 건강도 주시고 물질도 주시며 직분도 주셨는데, 우리가 본업에서 실패하면 결국 평생 부업으로 인해 매일이 피곤하고 돈벌이에 얽매여 사는 그저 그런 인생밖에는 되지 않을 것이다. 항상 우리의 마음속에 나의 본업이 무엇이냐, 본질이 무엇이냐, 기본이 무엇이냐, 하나님의 본심을 기억해야 한다. 하나님께서 우리에게 주신 그 첫사랑을 회복하는 사람이야말로, 오늘 말씀에 있는 원리를 따라서 사는 그런 사람이다. 그리고 그러한 사람은 그 어떠한 어려움과 고난이 닥쳐도 "한 날의 괴로움은 그 날로 족하니라"마태복음 6:34 하며 극복할 수 있다.

🌿 한 날의 괴로움은 '축복'이다

대부분의 사람들은 안 좋은 일이나 끔찍한 일 또는 큰 손해를 보는 일이 닥쳤을 때, 삶이 위축되고 우울증이 온다. 그러나 믿음의 사람에게는 '한 날의 괴로움'이 오히려 복이 된다. 왜냐하면 그것으로 인해 지난날의 삶을 돌아보며 잘못된 것은 즉시로 회개하기 때문이다. '한 날의 괴로움'으로 이 세상의 부질없는 것, 쓸데없는 것, 불타고 사라질 것이 무엇인지를 명확하게 깨달아 우리로 하여금 본질을 파고들게 한다. 그래서인지 정말 아픔을 겪고, 큰 손실을 겪으며, 세상 말로 산전수전山戰水戰을 겪은 사람들은 매순간 우선순위에 핵심 가치를 붙들고 살아가기에 '한 날의 괴로움'은 그들의 삶에 전화위복轉禍爲福이 된다.

> "⁶아무 것도 염려하지 말고 다만 모든 일에 기도와 간구로, 너희 구할 것을 감사함으로 하나님께 아뢰라 ⁷그리하면 모든 지각에 뛰어난 하나님의 평강이 그리스도 예수 안에서 너희 마음과 생각을 지키시리라"_빌립보서 4:6~7

당신은 어떠한 삶을 살아가겠는가? 아무것도 아닌 일에도 염려하고 걱정을 태산같이 하며 혼을 버리고 살아가겠는가, 아니면 매순간 감사와 찬송과 말씀과 기도로 살아가겠는가? 삶의 선택은 오롯이 당신의 몫이다. 그런데 참으로 안타까운 현실이 있다. 성도의 삶, 감사와 찬송과 말씀과 기도로 살아가겠다고 다짐한 그 삶이 때로는 더 혼돈의 삶을 살기도 한다. 예를 들어, 예수 믿는 사람들에게 더 쉽게 우울증이 오고 정신적으로 혼란이 오는 것이다. 왜냐하면 회개가 부족하기 때문이다. 예수님을 믿지만, 죄도 짓고 적당하게 세상과 타협하면서 살아가다 보니 이도저도 아닌 어정쩡한 삶이 되었기 때문이다.

당신은 성도인가? 그렇다면 본직本職을 잃어버리지 말자. 오늘날 우리 주변을 보면, 본직을 잃어버린 성도가 너무나 많은 것을 볼 수 있다. 정도正道를 걸어가는 것이 아닌 가식적이고 위선적인 그런 성도를 만나면 세상 사람들은 "예수 믿는 사람이 왜 저러지?"라고 손가락질을 한다. 그러나 더 안타까운 현실은 그들을 불쌍히 여기고 정도를 갈 수 있도록 기도해야 할 우리도, 세상 사람들과 함께 그들을 향해 손가락질을 한다는 것이다. 이 또한 진짜 성도의 모습은 아니다. 세상 사람들과 같이, 가식적이고 위선적인 성도와 같이 잘못되고 위선적인 거짓 성도인 것이다.

그런데 여기서 우리가 착각하는 것이 또 있다. 돈 많은 사람, 권세 있는 사람을 거짓 성도라고 치부해 버리는 것이다. 최근에 내가 만난 권사님이 한 분 계신데, 나는 그분을 보면서 '야, 정말 대단한 여성이다!'라고 감탄했다. 그 권사님은 IMF 때 완전히 망해, 차부터 살던 집까지 모두 팔아서 김해의 진례라는 곳으로 이사하셨다고 한다. 그럼에도 진례에서 부산까지 버스를 2시간가량 타고 본 교회를 빠지지 않으셨단다. 그런데 감동인 것은 그분이 버스를 장시간 타면서 그 안에서 성경을 읽고 기도하면서 절망이 아닌 새롭게 살아보자는 희망이 생기셨다는 것이다. 그래서 부산 시내에서 기도로 시작하고, 기도로 마치는 회사를 찾았더니 없기에 본인이 그런 회사를 직접 차리셨다는 것이다. 이 회사는 오늘날 1백 명의 직원이 있는 곳으로 번성했다. 뿐만 아니라 아프리카에 교회와 학교를 40여 개 가까이 지어오셨다고 한다.

나는 그 권사님을 보면서 '과연 어떻게 그럴 수 있을까?'라고 생각하고, 그분의 삶을 살펴보게 되었다. 그런데 그분 삶의 핵심은 남을 원망하지 않고, 세상을 욕하지 않으며, 그냥 있는 그대로의 삶에 감사하며 살아가는 것이었다. 헛된 마음을 버리고, 받은 복만을 생각하며 감사한다. 그 권사님과 우리가 다른 것은 무엇인가? 우리는 지금에 있는 것을 감사하지 않고 늘 더 좋은 것과 재미있는 것 그리고 당장 편하고 유익한 것을 끊임없이 추구한다는 것이다. 그러다 보니 '설마 이 정도는 괜찮겠지?'라고 생각하는 게 아닐까? 설마가 사람 잡는다고 했다. 신앙생활에서 하나님은 우리에게 최고를 요구하시지, 적당한 것을 원하시지 않는다.

🌿 주님은 스스로 돕는 자를 도우신다

나는 늘 하루 24시간을 쪼개고 쪼개어 살아간다. 그래서 늘 자차로 운전하기보다는 기차를 타고 이동하면서 틈틈이 쉰다. 하루는 방송이 있어서 기차를 타고 서울을 올라가는데, 그날은 원고 준비할 게 많아서 책을 펴놓고 열심히 강의 준비를 하고 있었다. 그런데 누가 내 옆에 와서 인사를 하는데 우리 교회 권사님이 아니신가? 교감으로 승진하여 연수를 받으러 가는 길이시란다. 그런데 내가 만약 그때 다른 날처럼 기차에 앉아 퍼질러 잠을 자고 있었으면 얼마나 서로 입장이 난처했겠는가?

천성이 게을러서 나는 집회를 가도 새벽예배를 마치면 잠시 쉬었다가 아침을 먹으러 간다. 그때 나는 '이 동네 내가 아는 사람이 있겠나! 다녀와서 씻자'라고 생각한다. 그런데 꼭 그럴 때마다 지나가던 사람이 "혹시 김문훈 목사님 아니세요?"라고 묻곤 한다. 머리는 까치 밤송이가 되어서 삐죽 솟아올랐는데 말이다. 내가 하고 싶은 말은, 진짜 멋있는 사람은 언제 어디서나 늘 팽팽한 긴장감을 갖고 옷매무새 등이 아름다운 사람이라는 것이다. 우리가 보았을 때 이런 사람이 멋진 사람인데, 하나님 보시기엔 어떠하실까?

마찬가지다. 늘 주님 앞에 나아올 때에는 긴장감을 가지고, 내외적으로 아름답게 꾸미고 나오는 사람을 좋아하신다. 기도를 해도 항상 하나님 앞에서 삼가 두려워하고 떨림으로 나아가는 사람을 기뻐하신다. 우리는 늘 영육 간에 깨어 있어야 한다. 성공과 실패는 종이 한 장 차이다. 그렇게 잘 나가던 사람이 한순간에 나락으로 떨어져 버리는 것을 우리는 여럿 보지 않았는가! 진인사대천명盡人事待天命이라는 말이 있듯, 하늘은 스스로 돕는 자를 돕는다. 하나님을 속이지 말라. 심은 대로 거두는 세상, 우리는 항상 정직하고 진실하며 성실하게 살아야 한다.

우리가 헛된 마음을 품고 조금 더 재밌게, 조금 더 즐겁게, 조금 더 유익하게, 조금 더 편하게 살려고 하면 우리는 사탄에게서 절대로 벗어나지 못한다. 세상풍조를 따라 남들 다 하듯 살면 인생이 혼란에 빠지고, 신앙에 변질이 오게 되는 것이다. 쓸데없는 일에 바빠서 주의 일에 힘을 쓰지 못하게 되는 것이다. 걱정을 태산같이 한들, 무슨 소용이 있겠는가? 걱정은 하면서도 여전히 나의 욕심과 욕망을 버리지 못하고 사는데, 그 삶에 무슨 희망이 있겠고 해결이 있겠냐는 것이다. 결국 불쌍한 하루살이 인생으로 끝나고 말게 된다.

우리가 부름 받아 쓰임을 받으면, 즉 주의 일에 힘쓸 때에는 죽을 틈도 없다. 주님의 사랑과 축복을 받는데 어찌 괴로움이 있겠냐는 말이다. 걱정만 잔뜩 하지 말고, 남을 비판하지 말고 쓰임 받을 수 있을 때 주의 일에 힘쓰길 바란다. 쓰임 받을 때에는 아플 틈도, 망할 틈도 없다. 괴로움이 있는가? 내가 지금 가장 중요하게 생각하고 있는 것이 무엇인지 돌아보라. 내 마음의 중심에, 관심의 중심에, 삶의 핵심이 어디에 있는지를 알면 한 날의 괴로움은 그 날로 끝낼 수 있다. 우리는 그 해결법을 이미 알고 있기 때문이다.

> "[3]심령이 가난한 자는 복이 있나니 천국이 그들의 것임이요 [4]애통하는 자는 복이 있나니 그들이 위로를 받을 것임이요 …… [10]의를 위하여 박해를 받은 자는 복이 있나니 천국이 그들의 것임이라"_마태복음 5:3~4, 10

믿음의 사람들은 가난한 듯해도 부하고, 약한 듯해도 강하다. 때문에 우리는 세상 사람들이나 구하는 그런 관심이 아닌 하늘에 뜻을 두고 선택과 집중의 삶을 살아가야 한다. 세상이 아닌 하나님을 우선으로 선택하고, 세상일이 아닌 하나님 나라의 일에 집중해야 하는 것이다. 염려하지 말고 오직 그 나라와 의를 위해 살아가야 한다. 그러면 하나님께서는 우리의 모든 것을 책임져 주신다. 하늘의 새와 들의 풀도 기르시는 하나님께서, 하물며 당신의 자녀를 가만히 두시겠는가!

> "²⁶공중의 새를 보라 심지도 않고 거두지도 않고 창고에 모아들이지도 아니하되 너희 하늘 아버지께서 기르시나니 너희는 이것들보다 귀하지 아니하냐 ²⁷너희 중에 누가 염려함으로 그 키를 한 자라도 더할 수 있겠느냐"_마태복음 6:26~27

하나님 앞에서 온전하고 완전하게 의의 길을 걸어가라. 한 번뿐인 인생, 우리는 그 시간을 쓸모없는 데 낭비하지 말자. 고민하고 염려하는 데 힘쓸 것이 아닌 주님의 일을 하는 데 힘쓰자. 내가 걱정한다고, 염려한다고 될 일이 안 되고 안 될 일이 되지 않는다. 모든 것은 다 주님의 은혜이니, 우리는 그저 그분께 믿음으로 구하면 되는 것이다. 아니 더 정확하게 말하자면, 의를 구할 때 축복은 당연하게 따라오는 것이다. 우리가 본질로 돌아갈 때 한 날의 괴로움은 결국 축복으로 우리의 인생 가운데 임하게 될 것이다. 그러니 더 이상 염려하지 말고 걱정하지 말자.

그들이 평온함으로 말미암아 기뻐하는 중에
여호와께서 그들이 바라는 항구로
인도하시는도다

시편 107:30

인생은 항해와 같다

인생은 바닷길을 여행하는 항해와 같다. 인생 세파를 부딪치면서 나가는 바다여행길 말이다. 사도행전 27장 9~12절의 말씀을 통해 '항해와 믿음'에 대해서 함께 살펴보자.

"⁹여러 날이 걸려 금식하는 절기가 이미 지났으므로 항해하기가 위태한지라 바울이 그들을 권하여 ¹⁰말하되 여러분이여 내가 보니 이번 항해가 하물과 배만 아니라 우리 생명에도 타격과 많은 손해를 끼치리라 하되 ¹¹백부장이 선장과 선주의 말을 바울의 말보다 더 믿더라 ¹²그 항구가 겨울을 지내기에 불편하므로 거기서 떠나 아무쪼록 뵈닉스에 가서 겨울을 지내자 하는 자가 더 많으니 뵈닉스는 그레데 항구라 한쪽은 서남을, 한쪽은 서북을 향하였더라"_사도행전 27:9~12

　본문은 사도 바울이 로마로 압송이 되어가는 장면이다. 사실 사도 바울은 늘 "내가 로마도 보아야 되리라. 꿈에도 소원은 로마까지 가서 내가 복음을 전하리라"였다. 그런데 늘 이런 소원을 가진 바울이었지만, 본문은 강제로 죄수의 몸이 되어 로마로 호송되는 그런 장면이다. 바울은 걸어서 로마로 가고 싶었지만, 본문은 그가 죄인의 몸이 되어 배에 실려 로마로 가는 그런 항해길인 것이다.

　그런데 말이다. 인생은 항해와 같아서 이유야 어떻든 누구나 다 목적지를 향해 무사히 나아가길 원한다. 그러나 이 바닷길은 워낙 변수가 많아서 예측불허. 삭풍朔風, 돌풍突風, 광풍狂風이 불어오니, 어디 원대로 갈 수가 있겠는가! 이게 바로 인생과 같아, 인생은 항해와 같다고 하는 것이다. 더구나 본문의 바울은 멋진 크루즈를 탄 즐거운 여행길이 아닌, 죄인의 신분으로 억지로 끌려서 군인들에 의해 호송되고 있는 것이다.

🌿 우리의 인생길은 늘 생각과 다르다

"어떤 길은 사람이 보기에 바르나 필경은 사망의 길이니라"_잠언 14:12

인생길은 그 끝이 사람이 생각하는 길과는 많이 다르기도 하다. 우리가 성경을 보면, 요셉은 열일곱 살에 인신매매를 당해 애굽으로 끌려간다. 얼마나 비참한가! 그러나 그것이 요셉에게는 인생에서 가장 큰 전화위복이 되었다. 인생길의 시작은 마치 막장과 같았으나, 훈련에 훈련을 거듭하여 그가 서른 살이 되던 즈음에 종으로 팔려갔던 애굽의 총리로 리더십을 발휘할 수 있는 오르막길을 걷게 된 것이다.

어디 그뿐이랴! 다니엘을 보라. 나라가 쫄딱 망하고 성전이 불타며 포로가 되어서 바벨론에 질질 끌려갔다. 그런데 그곳에서 뜻을 정하고 담대히 나아가니, 포로로 끌려간 바벨론에서 총리대신이 되지 않았는가! 그것도 세 번을 내리 한 막강한 리더십의 주인공이 되었다.

또 모세는 어떤가? 모세가 나일 강을 동동 떠내려갈 때, 모세를 태운 갈대상자가 하필이면 어떻게 애굽의 공주 손에 들려졌단 말인가! 사람이 마음으로 계획하나, 경영은 하나님이 하신다.

지금, 당신의 인생길은 어디로 가고 있는가? 생각해보라. 당신은 10여 년 전에 지금 나의 모습을 상상이나 했겠는가? 물론 우리가 이렇게 살겠다고 계획하고 예측은 하지만, 그 인생길 가운데 얼마나 많은 변수가 있었는가! 온갖 세파에, 풍파에 시달리면서 우리 인생이 가는데, 그 인생길을 주장하시는 분이 어떻게 우리에게 꿈도, 비전도, 소원도 주시지 않을 수 있겠는가! 본문의 바울이 가는 길도 상당히 험한 길이다.

"그 항구가 겨울을 지내기에 불편하므로 거기서 떠나 아무쪼록 뵈닉스에 가서 겨울을 지내자 하는 자가 더 많으니 뵈닉스는 그레데 항구라 한쪽은 서남을, 한쪽은 서북을 향하였더라" _사도행전 27:12

12절을 보니까 "겨울을 지내기에 불편하므로"라는 말씀이 나온다. 즉 북풍한설北風寒雪로 겨울이 힘들 듯, 겨울 바다도 힘들다는 것이다. 한번은 울릉도에 간 적이 있다. 울릉도 바다에는 그 바 닷물 속에 뼈가 생긴다는 말이 있다. 겨울 풍랑은 여름 풍랑하고 는 달라서, 겨울바람 속에 바다에 풍랑이 일면 파도 속에 뼈다귀 가 생겨 아주 날카롭다는 것이다. 이 풍랑에 파도가 몰아치면 배 들이 쉽게 전복되기에 그만큼 겨울바다가 위험하다는 의미다.

이런 말들을 들어보았는가? 전쟁에 나갈 때에는 기도 한 판 하고, 배를 타고 바다에 나갈 때에는 기도를 두 판하며, 결혼을 할 때에는 기도를 세 판 한다. 즉, 다 힘들다는 것이다. 그만큼 우리가 인생을 살아가는 길은 생각보다 녹록치 않다. 그런데 말이 다. 바다에는 해로가 있고 하늘에는 하늘길이 있듯이, 인생에도 길이 있다. 그래서 우리가 인생길을 살다 보면 때로는 그 길에서 이탈도 하고 멀미도 하며 침몰도 했다가 구조도 된다.

🌿 당신 인생의 선장은 누구인가

"그러나 먼저 된 자로서 나중 되고 나중 된 자로서 먼저 될 자가 많으니라"_마태복음 19:30

배에는 선장이 있고, 그 배를 인도하는 선장은 매우 중요하다. 왜냐하면 경력이 많고 베테랑일수록 그 배는 안전하게 항해를 할 수 있기 때문이다. 우리의 인생도 마찬가지다. 우리의 인생을 주관하시는 분이 계신다. 때문에 내가 마음대로 선택하고 판단하며 살아가는 것 같지만, 실상은 그렇지 않다. 인생을 주관하시는 분의 섭리와 인도 아래 우리의 인생이 흘러가고 있는 것이다. 그래서 먼저 된 자가 나중 되고, 나중 된 자가 먼저 되기도 한다.

본문 9~10절에서 바울은 겨울 항해길이 아무리 봐도 위험할 것 같아, 여러 가지 겨울 항해의 위험성을 경고한다. 하지만 죄인들을 호송해 가는 이 배의 군대지휘관 백부장은 바울의 말보다 선장과 선주의 말을 더 믿는다. 왜? 선장과 선주가 바울보다는 배와 바닷길에 대해서 더 잘 아는 전문가이기 때문이다. 오늘날 우리의 사회도 마찬가지다. 지금은 전문가 시대이다. 사회 각 분야에서 전문가들이 뛰고 있다.

그래서인지 각 분야의 전문가들은 자신의 전문성으로 인생을 풀어간다. 스포츠 선수들은 운동경기를 가지고 인생을 풀고, 사진사는 카메라를 가지고 렌즈를 통해 인생을 풀며, 음악을 하는 사람은 악기를 가지고 인생을 풀어간다. 그런데 아이러니하게도 이런 전문가들도 실패하는 시대 또한 바로 오늘날이다. 프로에게서 실수가 나오고, 선진국일수록 자살률도 높다. 세계 경제의 중심인 뉴욕의 월가에서 세계 경제의 불황이 시작되지 않았는가?

이처럼 원숭이도 나무에서 떨어지는 시대인데, 그들보다 못한 우리는 어떻게 살아갈 수 있겠는가? 인생의 항해가 위태한 상황이다. 사람은 누구를 믿느냐에 따라, 무엇을 향해 나아가느냐에 따라 모든 것이 달라진다. 대부분의 전문가들은 자신을 믿기 때문에 하나님을 믿지 않는다. 자신의 지식과 경험을 최고라고 생각하기 때문이다. 성경의 에서도 마찬가지 아닐까? 에서는 야곱에 비해 모든 면에서 탁월했다. 사냥 전문가였고, 건강한 남자였다. 그런데 그는 자신의 힘과 능력만 의지했다.

우리의 인생도 나의 유한한 능력을 의지하는 것이 아닌, 그것을 뛰어넘는 무한한 하나님께 물어야 한다. 그런데 본문의 백부장도 오늘날의 사람들처럼 하나님이 아닌 전문가들을 의지했다. 여기서 질문을 하나 하자. 당신은 초대 이스라엘의 왕이었던 사울이 왜 죽었다고 생각하는가? 그 답은 역대상 10장 14절에 있다. 하나님께 묻지도 찾지도 않으니까 하나님께서 그를 죽여버리시고, 하나님 마음에 합한 다윗에게 왕권을 물려주신 것이다.

"여호와께 묻지 아니하였으므로 여호와께서 그를 죽이시고 그 나라를 이새의 아들 다윗에게 넘겨 주셨더라"_역대상 10:14

하나님께서는 우리도 인생을 살아갈 때 하나님께 이것저것 묻기를 원하신다. 이방인들처럼 전문가를 의지하고 신봉하는 것이 아니라, 모든 것의 창조주 되신 주님께 묻고 또 묻기를 원하시는 것이다. 이처럼 우리 인생의 문제는 단 하나다. 하나님에게 소홀하기 때문에 문제가 오는 것이다. 그분의 사랑을 잊었기 때문에 우리의 인생이 꼬이고 또 꼬여가는 것이다. 당신의 꼬인 인생, 전혀 매듭의 끝이 보이지 않는 인생을 진정 풀어보고 싶지 않은가?

당신은 무식한 베드로가 어떻게 예수님의 제자, 그중에서도 수제자가 되었는지 아는가? 여러 요인이 있겠지만, 베드로는 예수님 앞에 무릎을 꿇었다. 사실 예수님께서는 베드로를 만나기 전까지 30년 동안 한 번도 기적을 행하지 않고 목공인 요셉의 집안에서 가만히 계셨다. 바다와 물고기 잡는 것과는 전혀 상관이 없었던 분이 예수님인데, 그 낯선 남자가 바닷가에서 어부로 잔뼈가 굵은 베드로에게 조언을 했던 것이다.

사실 바다 사나이요, 물고기 잡는 전문가였던 베드로가 보기에는 너무나 비현실적인 일이었다. 하지만 베드로는 주님이 말씀하신 대로 순종했고, 그때 기적이 일어난 것이다. 그 기적을 맛본 베드로는 예수님께 무릎을 꿇었다. 그러면서 "주여 나를 떠나소서 나는 죄인이로소이다"누가복음 5:8라고 고백하였다. 즉 자신의 전문 분야에서도 교만하지 않고 자신의 모습을 깨닫고 돌이킴으로 인해, 예수님의 수제자가 되었던 것이다.

🌿 마음의 소원을 두고 행하신다

본문에서 바울은 꿈에도 소원은 로마라고 외쳤지만, 그는 뜻밖에도 죄수의 신분으로 지금 압송되어 로마로 가고 있다. 로마로 가는 건 그의 꿈이었으나, 죄수의 신분은 결코 원했던 것을 아닐 것이다. 이처럼 우리가 살아갈 때도 꿈이 있는데, 이런 꿈에는 두

가지가 있다. 우리가 잠을 잘 때 꾸는 개꿈과 하나님께서 나에게 부여하신 꿈인 '비전' 말이다. 또한 하나님께서 꿈속에 자꾸 생각나게 하시는 것이 '소원'이다.

> "너희 안에서 행하시는 이는 하나님이시니 자기의 기쁘신 뜻을 위하여 너희에게 소원을 두고 행하게 하시나니"_빌립보서 2:13

한 사람이 미래에 어떤 사람이 되기 위해, 누구나 어릴 때부터 그 뜻을 마음에 둔다. 소원을 갖는 것이다. 이처럼 하나님께서는 우리에게 복을 주시기 전에 꿈을 주시고, 응답을 주시기 전에 기도 제목을 주시며, 건강을 주시기 전에 기도할 마음을 주신다. 즉 우리의 마음에 소원을 주시고 행하시는 분이 하나님이시라는 것이다. 때문에 이 말씀을 일찍이 깨달은 사람들은 인생의 목표를 이루고, 성공한 사람들이 많다.

> "[23]배들을 바다에 띄우며 큰 물에서 일을 하는 자는 [24]여호와께서 행하신 일들과 그의 기이한 일들을 깊은 바다에서 보나니[25] 여호와께서 명령하신즉 광풍이 일어나 바다 물결을 일으키는도다 [26]그들이 하늘로 솟구쳤다가 깊은 곳으로 내려가나니 그 위

험 때문에 그들의 영혼이 녹는도다 ^{27}그들이 이리저리 구르며 취한 자 같이 비틀거리니 그들의 모든 지각이 혼돈 속에 빠지는 도다 ^{28}이에 그들이 그들의 고통 때문에 여호와께 부르짖으매 그가 그들의 고통에서 그들을 인도하여 내시고 ^{29}광풍을 고요하게 하사 물결도 잔잔하게 하시는도다 ^{30}그들이 평온함으로 말미암아 기뻐하는 중에 여호와께서 그들이 바라는 항구로 인도하시는도다"_시편 107:23~30

하나님께서 주신 꿈, 비전은 하나님께서 반드시 끝장을 보시는데 그 전에 우리 속에 소원의 열망을 주셔서 기도하게 하신다. 인생은 항해길이다. 깊은 바다에 빠져서 어쩔 수 없이 기도하게 되고, 불안하고 무서우니까 하나님을 찾고 부르짖게 되는 것이다. 그러나 기억할 것은 하나님께서는 우리에게 복을 주시기 전에 꿈을 주시고, 응답하시기 전에 기도 제목을 주신다는 것이다. 하나님만 찾고 그분만 의지할 수 있도록 말이다. 이것이 믿음이다.

그러나 우리가 인생길, 항해 길을 갈 때에 수많은 변수와 돌풍과 광풍을 만났을 때 멀미를 하게 된다. 내 마음에 누군가를 원망하고 미워하면 멀미가 생기게 되는 것이다. 내 마음이 뭔가 불편하고 맞지 않음으로 멀미가 생기고, 우리 마음에 쓴 뿌리가 생겨난다. 그러나 기억하자. 주님은 우리의 마음이 평온한 가운데 소원의 항구로 '쑥~' 밀고 올라오신다. 그래서인지 나는 요즘에 최상의 컨디션과 함께 마음의 평온함을 가지고 살려고 노력한다.

그럼, 최상의 컨디션이란 무엇인가? 첫째는 기쁨이요, 둘째는 평안이며, 셋째는 사랑스러움이다. 이 셋은 사람이 정신적·육체적으로 최상의 컨디션일 때 자연스럽게 나올 수 있다. 최상의 컨디션일 때 병도 안 걸리고, 마음이 평안하기 때문에 하나님께서 그 항해 길에 순적하게 마음의 소원을 '확~' 밀어붙이신다. 당신은 어떤가? 별일이 아닌 것에 혹시 건건이 반응하며 살아가고 있지는 않은가? 하나님께서 소원을 이루실 길을 막고 있지는 않은가?

사고의 스펙트럼을 달리해 보라. 바다의 날씨가 변화무쌍하듯, 사람들마다 컨디션이 다르다. 외부적인 문제가 별일이 아닌데, 그것으로 인해 내 내면의 기쁨과 평안과 사랑스러움에 해가 된다면 얼마나 안타까운 일인가? 마음의 쓴 뿌리는 우리가 스스로 생기지 않도록, 기르지 않도록 하면 되지 않겠는가? 너 때문이 아닌,

당신 덕분이라고 생각하면서 매순간 감사의 생활을 실천해 보라. 그 감사는 결국 우리의 찬양으로 변화될 것이다.

다니엘이 감옥에, 사자 굴에 던져졌어도 하나님께 감사했다. 일단 감사하고 나니까 하나님께서는 그의 길을 뜻밖의 길로 인도하셨다. 만델라나 오프라 윈프리가 좋아하는 말씀은 바로 빌립보서 4장 6절이라고 한다. 아무것도 염려하지 말고 기도와 간구로, **감사함으로 하나님께 나아가면 우리의 마음과 생각을 주장하시는 주님께서 우리가 무슨 일을 하든 그 마음의 소원을 이루어 주시리라 믿는다.**

인생길은 항해 길이다. 그런데 그 항해 길에서 파도만 만나고, 그저 고생만 죽도록 하며, 멀미만 한다면 얼마나 괴로운가! 인생의 선장 되신 주님만을 의지하라. 그분을 의지함으로 늘 최상의 컨디션을 유지하라. 너 때문이 아닌 당신으로 인해 감사하라. 그러면 인생의 선장이신 주님께서 우리의 인생을 주관하셔서 우리의 항해 길을 순적하게 항구로 이르게 하신다. 그분께 바짝 엎드림으로 꽉 막힌 인생길에 찬양이 터져 나오길 소망한다.

내게 능력 주시는 자 안에서
내가 모든 것을 할 수 있느니라

빌립보서 4:13

인생은
9회말 2아웃부터다

사람은 역사를 통해, 인물을 통해 끊임없이 배워야 한다. 나아가 믿는 우리 그리스도인들은 무엇보다 성경을 통해 진리이신 하나님이 누구인지를 배워야 한다. 우리가 성경을 통해 하나님을 바로 알고 그분을 인격적으로 만나면, 즉 우리가 은혜를 받으면 웃음치료보다 네 갑절 이상의 효과가 있을 것이다. 그런데 그 쉬운 방법을 두고도 우리는 매번 다른 일을 하고 있다. 왜 그런가?

"10내가 주 안에서 크게 기뻐함은 너희가 나를 생각하던 것이 이제 다시 싹이 남이니 너희가 또한 이를 위하여 생각은 하였으나 기회가 없었느니라 ¹¹내가 궁핍하므로 말하는 것이 아니니라 어떠한 형편에든지 나는 자족하기를 배웠노니 ¹²나는 비천에 처할 줄도 알고 풍부에 처할 줄도 알아 모든 일 곧 배부름과 배고픔과 풍부와 궁핍에도 처할 줄 아는 일체의 비결을 배웠노라 ¹³내게 능력 주시는 자 안에서 내가 모든 것을 할 수 있느니라 ¹⁴그러나 너희가 내 괴로움에 함께 참여하였으니 잘하였도다"_빌립보서 4:10~14

본문은 사도 바울이 감옥에 있으면서 빌립보 성도들에게 편지한 내용이다. 말씀을 읽으면서 이미 눈치를 챘겠지만, 본문에서 바울은 '배웠다'는 말씀을 반복한다. 그렇다면, 바울은 과연 무엇을 배웠다는 것인가? 우리는 바울이 배웠다고 하는 것의 실체에 대해 몇 가지로 나눠 살펴보자.

주 안에서 항상 기뻐하라

"주 안에서 항상 기뻐하라 내가 다시 말하노니 기뻐하라"_빌립보서 4:4

"내가 주 안에서 크게 기뻐함은 너희가 나를 생각하던 것이 이제 다시 싹이 남이니 너희가 또한 이를 위하여 생각은 하였으나 기회가 없었느니라"_빌립보서 4:10

본문에서도 알 수 있듯, 바울은 우리에게 '항상 기뻐하라'고 당부한다. 당시 그는 감옥에 있었다. 오늘날로 말하면 막장 인생이었던 그가 우리에게 '항상 기뻐하라'를 당부하는 것이다. 그건 보통 대단한 일이 아니다. 사실 '기쁨'이라는 것은 개인의 감정과 마음이 최상의 컨디션에 있을 때에 자연스럽게 나오는 것이다. 그런데 어떻게 감옥에 갇혀 있던 자의 입에서 우리에게 이런 당부를 할 수 있을까? 그가 좋은 사람이라서?

바울은 우리가 잘 아는 것과 같이 예수님을 만나기 전에 성격이 아주 고약한 사람이었다. 교회를 해코지했던, 즉 교회를 핍박하고 훼방하며 인간관계가 원만하지 못했던 사람이었다. 뿐만 아니라 예수님을 만나고 나서도 자신을 불러 키워주고 추천하며 스카우트해서 길러준 최초의 안디옥교회 담임목사님인 사부 바나바와도 다투고 피차 갈라설 만큼 까칠한 그런 사람이었다. 사도 바울의 성향을 좀 더 자세히 살펴볼까?

"⁷:⁶⁰무릎을 꿇고 크게 불러 이르되 주여 이 죄를 그들에게 돌리지 마옵소서 이 말을 하고 자니라 ⁸:¹사울은 그가 죽임 당함을 마땅히 여기더라 그 날에 예루살렘에 있는 교회에 큰 박해가 있어 사도 외에는 다 유대와 사마리아 모든 땅으로 흩어지니라"_사도행전 7:60~8:1

초대 교회 집사인 스데반 집사가 순교를 당하는 장면에서, 스데반 집사는 "주여 이 죄를 그들에게 돌리지 마옵소서"라고 말하고 돌에 맞아 죽게 된다. 그런데 그 다음 말씀을 보니, "사울은 그가 죽임 당함을 마땅히 여기더라"고 증거한다. 그러면서 "그 날에 예루살렘에 있는 교회에 큰 박해가 있어 사도 외에는 다 유대와 사마리아 모든 땅으로 흩어지니라"고 말씀한다. 사도 바울은 이 정도로 악랄하고 악독한 인간이었다. 이뿐만이 아니다.

"¹사울이 주의 제자들에 대하여 여전히 위협과 살기가 등등하여 대제사장에게 가서 ²다메섹 여러 회당에 가져갈 공문을 청하니 이는 만일 그 도를 따르는 사람을 만나면 남녀를 막론하고 결박하여 예루살렘으로 잡아오려 함이라"_사도행전 9:1~2

스데반이 죽어서도 그는 위협과 살기가 등등하여 그리스도인들을 핍박했다. 정말 사도 바울은 피도 눈물도 없는, 인정사정도 없는 그렇게 모진 사람이었다. 그렇게 악질이었던 그가, 감옥에 갇혀서는 '항상 기뻐하라, 주 안에서 기뻐하라'고 외치는 것이다. 왜? 성품이 변화되고 성격이 바뀌어서? 그러나 우리가 잘 아는 것과 같이 사람의 성격은 바뀌지 않는다. 다만 하나님께서 그 사람을 쓰실 때 그 기질대로, 성질대로 쓰시는 것뿐이다.

모세는 불혹의 나이 마흔에 사람을 때려죽이고, 모래에 묻어버린 후 야반도주한 사람이다. 살인자이다. 또한 우리는 다윗이 성군이라 하지만, 실상 그는 자신의 충신 우리야를 전쟁에 나가 죽게 하고 그의 아내를 취한 사람이다. 살인교사에 간음죄가 있는 사람이다. 모세도, 다윗도, 바울도 보면 믿음의 선배들이 하나같이 살인마들이다. 그런데 그런 사람이 인생 막장을 통과하면서, 여러 사람들을 만나면서 진리를 알고 인생을 깨닫게 된 것이다.

🌿 마음의 평형수를 유지하라

사도 바울은 인생의 비싼 대가를 치르면서, 수많은 산전수전을 겪으면서 마음의 평형수를 유지할 수 있었다. 마음의 평형수가 유지되는 사람은 항상 기뻐할 수 있다. 그렇다면, 어떻게 마음의 평정을 유지할 수 있는가? 그건 바로 주님 안에서, 예수님 한 분만으로 모든 필요충분조건을 느끼기 때문이다. 완전함을 느끼기 때문에 다른 아쉬움이 없는 것이다.

"하나님 아버지와 그리스도 예수 우리 주께로부터 은혜와 긍휼과 평강이 네게 있을지어다"_디모데전서 1:2

사도 바울이 늘 자신의 편지에서 인사하듯, 우리도 항상 은혜와 긍휼과 평강이 있어야 한다. 이 말은 하나님의 심중적인 사랑을 말하는 것이다. 마음은 비우는 게 아니고 채우는 것이다. 쌀독에서 인심이 난다고 했듯이 하나님께서 주신 사랑을 공짜로, 선물보따리로 가득 받았으니 자연스럽게 기쁨이 유지되고 표출이 되는 것이다. 내 마음을 내가 잘 정리해서 죄나 악한 것은 모두 비우고 하나님의 사랑으로, 성령이 충만하게 살아가야 한다.

사도 바울이 말하는 최상의 컨디션, 즉 평형수를 유지하는 방법은 하나님과의 거리가 잘 유지될 때 가능하다. 무슨 조울증 환자처럼 금방 은혜받아 "할렐루야!" 하는 것이 아니고, 마음의 기쁨이 굉장히 클 때 자연스럽게 말과 행동에서 나오는 것이다. 이건 상당히 어려운 일이다. 사람의 감정이란 게 희로애락을 예측할 수 없는 것인데 늘 평형수가 유지되고 항상 기뻐할 수 있는 것은, 보통 사람이라면 불가능하기 때문이다.

우리 교회는 방송실 도우미로 중·고등부 학생들 60여 명이 봉사를 한다. 이 친구들은 매 예배마다 카메라를 들고 교회 곳곳에 퍼져 있는 예배실에서 성도님들의 찬양하는 모습을 중계한다. 그런데 나는 이 시간 가장 마음이 힘들다. 찬양할 때 늘 은혜롭고 멋있는 모습이 중계되어야 하는데, 사람인지라 가끔씩은 코를 파는 장면이 송출되는 것이다. 그래서 늘 찬양 시간에 카메라를 신경쓰다 보니, 마음의 평형수가 잘 유지되지 않는다.

또한 우리는 문자 하나에 억장이 무너지기도 한다. 옆의 집사님 말 한마디에 우울증이 재발한다. 그런데 본문의 사도 바울은 그렇게 악질적이었던 사람이, 과거 스데반을 돌로 때려죽여 놓고도 눈 하나 깜짝 안하던 사람이 감옥에서도 기쁘다고 한 것이다. 그는 오랜 세월 인생수업을 통해 자신의 감정을 처리하는 방법을 배우게 된 것이다. 하나님과의 거리를 유지하며 평형수를 유지하여 감정선을 컨트롤할 수 있는 사람이 되었던 것이다.

성숙하고 사람이 된 사람은 어떤 사람하고 살아도 행복하다고 한다. 우리가 볼 때 '어떻게 저런 사람하고 부부로 살아가지?'라고 주변에서는 생각하지만, 남편이 인간 망나니거나 고주망태 술주정뱅이여도 늘 찬양을 하면서 웃으며 살아가는 분이 있다. 왜? 사랑은 주는 것이기 때문이다. 내가 사랑할 수 있는 능력과 실력이 있는 인격을 갖춘 사람은 어떤 사람하고 살아도 상처를 받지 않고 그저 사랑하고 섬기며 베풀고 살아가는 것이다.

> "내가 주 안에서 크게 기뻐함은 너희가 나를 생각하던 것이 이제 다시 싹이 남이니 너희가 또한 이를 위하여 생각은 하였으나 기회가 없었느니라"_빌립보서 4:10

나는 본문에서 가장 인상적인 말씀을 하나 발견했다. 그건 '생각의 싹이 났다'라는 표현이다. 이것은 무엇을 의미하는가? 영국 철의 여인 마가렛 대처Margaret Thatcher가 한 말이 있다. 사람은 생각을 조심해야 한다고 말이다. 생각 속에서 반드시 말이 툭 튀어 나온다. 말을 조심해야 한다. 왜냐하면 말은 씨가 되고, 행동과 습관으로 나오기 때문이다. 결국 생각은 그 사람의 미래와 운명을 결판낸다고 해도 과언이 아니다.

봄이 위대한 것은 만물이 약동하기 때문이다. 겨울에 마치 죽은 것과 같았던 시커먼 나뭇가지에서 푸르른 싹이 돋아나고, 겨울내 꽁꽁 얼어붙었던 쇳덩이보다 더 단단한 대지를 연한 싹이 뚫고 나오기에 위대하다. 사람이 살아가다 보면 자꾸 고집이 늘고, 피해망상증이 생긴다. 그런데 그 마음에 성령님이 들어가 복음의 싹이 돋아나면, 그 사람은 변화된다. 가치관과 세계관이 변하니 마음의 평형수가 유지되는 것이다.

사도 바울은 지금 그것을 노래한 것이다. 완고하고 고집불통이었던 자신이 말씀을 듣고 기도하며 찬양할 때, 생각의 싹이 터서 자신이 서서히 변화되어 종려나무와 백향목 같은 거목으로 성장한 것을 말이다. 이처럼 사람들은 고난과 고통을 통해, 사건과 사고를 통해 인생수업을 한다. 우리도 사도 바울과 같이 말씀과 기도와 찬양으로 우리의 마음 밭에 복음의 씨앗이 자라게 해야한다. 생각의 씨앗이 자라야 한다.

🌿 어떤 형편에든지 자족하라

"내가 궁핍하므로 말하는 것이 아니니라 어떠한 형편에든지 나는 자족하기를 배웠노니"_빌립보서 4:11

사람이 돈이 없다고 기죽을 필요가 없다. 어떤 환경에서든, 어떤 사람을 만나든 우리는 사도 바울과 같이 뛰어난 적응력을 가지고 감사하며 자족하고 만족할 줄 알아야 한다. 또한 바울과 같이 우리는 자랑할 것이 하나 없다. 바울은 가말리엘 문화생이었고, 로마 시민권을 가지고 있었다. 당시 남들이 모두 부러워하고 일류로 여겼던 그 모든 자랑을 그는 배설물로 여겼다. 그 이유는 오직 하나! 그 안에 살아계신 하나님이 계셨기 때문이다.

사실 바울은 애인도 없고, 처자식도 없으며, 평생 독신으로 산 사람이다. 뿐만 아니라 아무리 기도해도 낫지 않는 육체의 가

시를 달고 살았던 사람이다. 고린도후서 10장 10절을 보니, "그들의 말이 그의 편지들은 무게가 있고 힘이 있으나 그가 몸으로 대할 때는 약하고 그 말도 시원하지 않다 하니"라고 사람들이 말할 정도로 외모나 비주얼 면에서 신통치 않은 사람이었다. 그런데 그가 자족하기를 배웠다고 말한다. 왜?

"내게 능력 주시는 자 안에서 내가 모든 것을 할 수 있느니라"_빌립보서 4:13

사도 바울은 약할 때 강함 되시는 주님을 알았다. 때문에 그는 어떤 형편에서든지 자족할 수 있었던 것이다. 오직 그의 삶은 십자가만 강조하는 그런 삶이 되었다. 우리의 인생도 바울과 같아야 하지 않을까? 아무리 애써도 우리는 주님으로 인해 진정 변화되지 않으면 마음의 평형수를 유지할 수 없다. 산전수전을 겪고 또 겪어도 내가 변화되지 않고는 그 삶이 변화되지 않는다. 나의 연약함, 약함을 주님께 고백하라.

사람을 의지하고, 사람을 기대면 결국 속담과 같이 믿는 도끼에 발등을 찍히게 된다. 그러나 부모는 결코 자녀의 발등을 찍지 않는다. 마찬가지다. 우리의 창조주 되시는 주님은 우리의 아빠 아버지시다. 그런 그분께서 우리를 발등 찍으시겠는가! 더구나 창조주 되신 아버지를 의지하는데, 만물을 다스리시고 하늘의 새와 땅의 식물도 키우시는 이가 어찌 우리를 굶게 하시고 절망 가운데 가만히 두시겠는가!

"나는 비천에 처할 줄도 알고 풍부에 처할 줄도 알아 모든 일 곧 배부름과 배고픔과 풍부와 궁핍에도 처할 줄 아는 일체의 비결을 배웠노라"_빌립보서 4:12

좋은 스펙을 가졌다고 좋아할 일도, 가진 것이 많다고 거들먹거릴 것도 없다. 또한 가진 것이 없다고 비굴할 필요도, 콤플렉스에 빠져 우울증 환자같이 살아갈 필요도 없다. 사도 바울과 같이 비천에 처할 줄도, 풍부에 처할 줄도 아는 일체의 비결을 배울 수 있길 바란다. 인생은 꽃이 피는 날도, 꽃이 지는 날도 있다. 다만 우리가 어떤 상황에 처할 비결만 있다면, 자족할 능력만 된다면 어떤 인생에 처해도 평형수가 유지되어 기뻐할 수 있다.

경남 동래군 사상면 주례리에 동서대학교와 경남정보대학교,

그리고 부산 디지털대학교를 세우신 분이 있다. 바로 민석萬石 장성만 박사다. 그분은 12세에 아버지를 여의고 어려서부터 고생을 많이 한 분이다. 그런데 그가 부모가 없다고, 돈이 없다고, 머리가 나쁘다고 주저앉았으면 어떻게 되었을까? 오늘날 동서대나 경남정보대, 부산 디지털대는 없었을 것이다. 그는 미국의 큰 교회에 가서 한국에서 왔으니 도와달라고 외쳤다.

그때 받은 구제헌금 500만원은 오늘날 23만평의 30개동 이상인 세 개의 대학으로 성장하였다. 그 원동력은 바로 "내게 능력 주시는 자 안에서 내가 모든 것을 할 수 있느니라"는 본문의 말씀이었다. 그렇다. 당신도 할 수 있다! 인생은 9회말 2아웃부터라는 말이 있듯이, 우리가 주님을 의지하여 마음의 평형수를 유지하며 항상 기쁨으로 살아갈 때 그분은 우리에게 놀라운 역사를 이루실 것이다. 우리의 삶이 본문의 고백과 같이 나오길 소망한다.

수고하고 무거운 짐 진 자들아
다 내게로 오라
내가 너희를 쉬게 하리라

마태복음 11:28

인생의 해답은
주님뿐이다

사람들은 어떤 형태로 살아가든지, 자기 나름대로의 부담감을 가지고 살아간다. 대통령은 대통령으로서의 부담감이 있을 것이고, 부모는 부모대로의 부담감이 있으며, 모든 개인은 개개인 나름대로의 스트레스와 중압감에 매여 눌려 있을 것이다. 외적이든 내적이든 누구하나 열외 없이 가지고 살아가는 게 부담감이고 스트레스며, 이것으로 인해 지치고 힘든 삶이 바로 우리의 인생이라는 것이다.

그런데 사람은 자기 자신을 스스로 분석하고 평가할 때, 내가 누구인지를 제대로 알기만 해도 상당한 치유 효과가 있다고 한다. 그래서인가? 오늘 본문을 보면 예수님께서는 사람을 보실 때 일단 진단부터 하신다. 그리고 인생이 무엇인가에 대해 정의하기를, '수고하고 무거운 짐 진 자들'이라고 말씀하신다. 인생의 실상을 진단하신 후에 수고하고 무거운 짐 진 자들을 초청하고 계신 것이다. "다 내게로 오라 내가 너희를 쉬게 하리라"고 말이다.

> "28수고하고 무거운 짐 진 자들아 다 내게로 오라 내가 너희를 쉬게 하리라 29나는 마음이 온유하고 겸손하니 나의 멍에를 메고 내게 배우라 그리하면 너희 마음이 쉼을 얻으리니 30이는 내 멍에는 쉽고 내 짐은 가벼움이라 하시니"_마태복음 11:28~30

🌿 초청은 영광스러운 것이다

사람은 누구나 죄인이다. 정도는 달라도 개개인마다 죄책감과 수치감과 패배감이 있고, 과거에 갇혀 있는 사람 또는 무언가에 매여 있는 사람 또는 짓눌려 있는 사람이 있다. 이런 뭔지 모를 중압감에 놓여 있는 게 우리의 인생이다. 그런데 우리 주님은 이처럼 힘들고 지치고 상처 받은 우리 인생을 아무 조건 없이 부르셨다. 그리고 주님의 은혜로 구원을 주셨다. 우리는 그분의 초대에 응하여 은혜의 보좌 앞으로 나아가기만 하면 되는 것이다.

초청은 참으로 영광스러운 것이다. 아무나 초청받는 것이 아니기 때문이다. 천국에 갈 자격이 없는 나 같은 인생을 초청하기 위해 주님께서 이 땅에 친히 오셨는데, 이 얼마나 영광스러운 일인가! 아무런 대가 없이 그저 믿고 그분께 나아가기만 하면 되는데, 왜 여전히 우리는 스스로의 연약함을 인정하지 못한 채 내가 해결할 수 없는 문제를 가지고 감당하려고 애를 쓰는지 모르겠다. 참으로 딜레마이다.

힘들고 괴롭고 아픔 가운데 있는가? 그럴수록 주님은 내게로 오라고 우리를 초대하고 계신다. 주님이 원하시는 것은 그저 우리가 주님께서 들어오실 수 있도록 문을 열어드리는 것 외에는 없다. 그러면 우리의 모든 짐이 벗겨진다. 더불어 "내가 너희를 쉬게 하리라"고 말씀하신 것처럼, 우리에게 안식과 평화와 자유를 주실 것이다. 세상의 인정은 'give and take'이나 주님은 우리에게 공짜로 쉼을 주신다고 말씀한다.

"나는 마음이 온유하고 겸손하니 나의 멍에를 메고 내게 배우라 그리하면 너희 마음이 쉼을 얻으리니" _마태복음 11:29

예수님께서는 수고하고 무거운 짐 진 자들을 부르시면서 내게로 오면 쉬게 하신다고 말씀하신다. 그리고 그게 가능한 이유에 대해서도 말씀한다. 바로 "나는 마음이 온유하고 겸손하니 나의 멍에를 메고 내게 배우라"고 말이다. 이것은 당시의 문화를 이해해야 한다. 팔레스타인 지역에서는 소를 여러 마리 사 가지고 세워 놓고는 그중에서 제일 힘센 소를 고른다. 그리고 힘센 소를 중앙에 놓고 목에 멍에를 지우고 앞으로 나가면 옆의 소들은 그냥 따라가게 되는 원리이다.

결국 예수님께서는 우리의 멍에를 지시고 앞서 가시면 우리는 공짜로 따라가게 된다는 원리를 비유로 설명하신 것이다. **우리의 죗값을 대신하여 십자가를 지신 예수님께서 우리의 죄를 지셨기에 우리는 공짜로 죄를 해결받아 구원에 이르게 된다는 원리이다.** 나는 어릴 적에 십 리를 걸어서 학교에 다녔다. 그런데 어떤 학생이 자전거를 타고 가는데, 그 뒤에 나의 책가방을 실었다고 가정해보라. 십 리 길이 쉽겠는가, 어렵겠는가?

> "여호와께서 집을 세우지 아니하시면 세우는 자의 수고가 헛되며 여호와께서 성을 지키지 아니하시면 파수꾼의 깨어 있음이 헛되도다"_시편 127:1

그런데 우리는 또 한 가지 생각해봐야 할 문제가 있다. 보통 좀 있고 능력이 된다는 사람들을 보면, 내 멍에는 쉽고 가볍다고 생각해 스스로 해결이 가능하다고 믿는다. 그런데 만물을 주장하시는 주님께서 집을 세우지 아니하시면 세우는 자의 수고가 헛되며, 성을 지키지 아니하시면 파수꾼의 깨어 있음도 헛되다는 것이다. 이 짐과 쉼이라는 것은 사람이 살아갈 때 아무리 애쓰고 노력한다 하더라도 해결이 되지 않는다는 것이다.

> "우리의 연수가 칠십이요 강건하면 팔십이라도 그 연수의 자랑은 수고와 슬픔뿐이요 신속히 가니 우리가 날아가나이다"_시편 90:10

사람이 애쓰고 노력한다고 그것이 모두 복이 되고 덕이 되면 얼마나 좋겠는가? 그러나 인생의 애쓰고 수고하며 노력하는 것은 다 헛될 뿐이다. 고생만 하다가 그냥 죽는 게 인생이라는 것이다.

얼마나 헛되고 헛되며 헛된 것인가! 결국 우리는 창조주 하나님께 의지해야 할 인생이다. 그분이 지켜주시지 않는다면, 사람이 애써서 벌어놓아도 결국에는 사상누각이 되는 것이다. 건강, 사업, 자식 등 이 모든 것을 두고 큰소리칠 자가 과연 누가 있는가!

우리는 인생의 모든 짐을 스스로 해결할 수 없는 존재들이다. 때문에 수고하고 무거운 짐 진 인생들은 주님 앞에 모든 짐을 내려놓고 그분만 의지하고 신뢰하며 위탁해야 한다. 그러면 주님께서는 그것을 감당해 주시고, 우리로 하여금 세상이 줄 수 없는 평강과 안식을 주신다. 그러니 우리는 더 이상 엉뚱한 짓을 그만하자. 우리가 아무리 발버둥치면서 나의 멍에와 짐을 감당하려고 해도 불가능하다.

🌿 하나님이 주시는 성공이 진짜 성공이다

주님의 말씀대로 우리는 죽도록 고생하여 겨우 깨달아 주님을 의지하게 된다. 그런데 말이다. 성공이라고 생각하는 순간, 다시금 고난에 빠진다. 왜? 사탄은 우리를 거의 성공시켜 놓고 마지막 고비 앞에 교만을 심어주어 실패하게 만들기 때문이다. 솔직히 생각해보라. 고난을 당할 때에는 죽도록 기도하고 말씀에 순종하며 살다가, 고생 끝에 낙이 온다고 고난을 통해 축복을 받았는데 건방을 떨다가 다시 곤두박질하는 인생을 얼마나 많이 보았는가?

우리는 이 세상을 살아갈 때 아무리 잔머리를 굴려도, 똑똑하여 지혜를 총동원한다고 해도 결코 우리의 인생을 책임질 수 없는 죄인이다. 하나님 보시기에 그저 연약한 존재일 뿐이다. 때문에 나 자신을 수고하고 무거운 짐 진 자라고 깨닫기만 해도, 더 이상 내가 몸부림칠 필요가 없다. 주님 앞에 고백하고 맡겨버리면 된다. 그러면 주님께서는 우리를 향해 "다 내게로 오라 내가 너희를 쉬게 하리라"고 부르신다.

"너희가 일찍이 일어나고 늦게 누우며 수고의 떡을 먹음이 헛되도다 그러므로 여호와께서 그의 사랑하시는 자에게는 잠을 주시는도다"_시편 127:2

이 얼마나 재미있는 말씀인가! 사람이 일찍 일어나 수고하고 밤늦게까지 애쓰며 노력한 것이 말짱 도루묵이라는 것이다. 왜?

모든 인생은 주님의 손안에 있는데, 왜 헛된 것에 그리 힘을 쓰냐는 것이다. 사실 일을 너무 열심히 하는 사람들을 보면 대체로 일 중독이다. 그런데 문제는 일에 너무 집중한 나머지 잠까지 줄이며 일을 한다. 성공을 향해 앞만 보고 달리는 것이다. 그런데 잠을 안 자면 결국 일도 안 되고 건강도 잃게 되는 결과가 나온다.

하나님께서는 사랑하는 자에게 잠을 주시고, 그 잠을 자는 동안 역사를 이루신다. 사람이 수고하고 애쓰는 것은 슬픔뿐이다. 다 부질없다. 하나님께서 지켜주시지 않으면 그 사람의 수고는 도루묵이요, 하나님께서 이루고자 하지 않으시면 우리는 아등바등 해도 아무것도 이룰 수 없다. 무거운 것, 답답한 것, 힘든 것, 부담스러운 것을 자꾸 주님 앞에 내려놓으라. 주님께 던져버려라. "주님, 부탁합니다. 저는 도저히 안 되겠습니다"라고 말이다.

우리 교회는 한 해 수천 명씩 등록한다. 그런데 만약 내가 교회가 커질수록 모든 일을 내가 해야 한다고 생각해보라. 이건 너무나 신경 쓸 일이 많아서 골치 아픈 것을 떠나 잠도 못 자고 일에 치여서 신경쇠약에 걸렸을 것이다. 하지만 나는 그저 개구쟁이처럼 좋아할 뿐이다. 왜? 하나님께서 주님의 교회를 알아서 해주실 것이기 때문이다. 새가족을 보내주신 이도 주님이시고, 교회를 성장시켜 주시는 것도 주님이시며, 운영하시는 것도 주님이시기 때문이다.

우리의 인생도 마찬가지다. 생로병사, 흥망성쇠, 생사화복, 희로애락 모두 하나님의 섭리 안에서 운행된다. 그러니 무한한 인간의 잔머리로 굴려봤자 허사이다. 나를 주장하지 말고, 나를 의지하지 말며, 나의 머리를 믿지 말자. 오직 은혜의 보좌 앞으로 나아가자. 주님의 초청에 "Yes!"로 대답하며, 그분을 내 마음의 주인으로 온전히 모시자. 그것만이 우리의 살 길이요, 우리 인생의 고된 여정을 끝낼 유일한 방법이다.

그런데 참으로 안타까운 현실이 있다. 자본주의와 실용주의 문화에 빠진 부모들이 교회로 오는 아이들을 막고, 그들을 학원으로 인도하는 것이다. "대학 가서, 좋은 직장 가서 신앙생활 열심히 하면 돼"라고 하지만 사실 그게 어디 쉬운가? 인생의 우선순위, 주인이 바뀌면 그 인생은 비극의 시작이다. 내 운명을 내가 책임지려고 한다면, 결국 유한한 인생을 살 수밖에 없다. 왜 내가 사랑하는 자녀에게 무한한 인생이 아닌 유한한 인생을 살게 하는가!

🌿 인생, 고된 여정의 해답은 주님뿐이다

인생의 싸움에서 주님 앞에 무릎을 꿇어라. 주님만 바라보면 주님은 우리를 인생의 이긴 자가 되게 해주신다. 주님이 내 멍에를 지고 가실 때 나는 그냥 무임 승차하여 따라 가기만 하면 된다. 어떻게? 주일에 올 때마다 "주님, 나는 할 수 없습니다. 나는 연약합니다. 인격적으로나, 능력적으로나, 자질적으로나, 건강상 자신이 없습니다"라고 고백하며 안식하는 것이다. 말로만 주님을 의지하는 것이 아니라 진짜로 주님께 다 맡겨버리는 것이다.

당신은 죄 중에 가장 큰 죄가 무엇인지 아는가? 바로 불신이다. 하나님을 믿지 않는 죄가 가장 큰 죄다. 하나님은 자신을 믿고 의지하는 의인을 통해 구원의 역사를 이루어 가신다. 마태복음 9장에서 말씀하듯, 추수할 것은 많고 일꾼은 부족한데 우리는 어떻게 하면 되는가? 아침 일찍 일어나 밤늦게까지 수고하고 애쓴다고 되는 일이 아니다. 농사를 잘 짓기 위해 주인에게 일꾼을 보내 달라고 청해야 하는 것이다.

주님 앞에 자꾸 내려놓으라. 축복 같은 저주가 있고, 저주 같은 축복이 있다. 무슨 말인가? 머리 좋은 사람은 하나님을 안 믿는다. 자신의 좋은 머리를 믿기 때문이다. 묘수 끝에 악수를 두는 격이다. 그런데 세상이 보기에 조금 부족한 사람은 어떤가? 자신의 머리를 신뢰하지 않기 때문에 어쩔 수 없이 기도하게 되는 것이다. "주님, 도와주세요! 주님, 어떻게 합니까! 주님, 나를 인도해 주시고 나의 마음을 인도해 주세요!" 하고 말이다.

일을 성공적으로 마치는 사람에게는 다섯 가지 특징이 있다. 첫째, 전체를 볼 줄 아는 사람이다. 인생 전체를 보면서 쉼표도 찍을 수 있어야 한다. 둘째, 겸손히 배우는 사람이다. 교만한 사람은 남을 무시하기 때문에 절대로 배우지 않는다. 셋째, 주기적으로 은혜를 체험하는 사람이다. 성도는 매일 성경을 읽고, 주기적으로 감동을 받아야 한다. 넷째, 멘토와 멘티가 있어야 한다. 나에게 영향을 주고, 내가 가르치는 사람이 복 있는 사람이다.

이것은 무엇을 의미하는가? 세상이 아무리 험해도 하나님은 사람을 통해 복을 주신다는 것이다. 우리가 사람 때문에 끔찍하고 징글징글 하게 힘들다고 하지만, 그럼에도 하나님은 사람을 통해 나에게 복을 주신다. 주님께서 그릿 시냇가에 숨어 있는 엘리야에게 까마귀를 통해 먹이셨듯이, 우리에게도 사람을 통해 복 주심을 잊지 말라. 또한 나도 다른 사람에게 그런 복의 통로가 되어야 함도 잊지 말자.

물론 우리의 단점을 집요하게 공격하는 사람도 분명 있다. 그런 사람은 아주 비열한 사람이다. 하나님께서는 그런 사람을 결코 가만히 두시지 않는다. 다른 사람의 슬픔을 보고 함께 울어주어야지, 쌤통이라고 하면 그 일은 나에게도 벌어질 수 있음을 간과하면 안 된다. 주님께서 나의 짐을 져주셨듯이, 나 또한 다른 사람에게 짐을 져 주는 사람이 되어야 한다. 그 사람과 함께 웃고 울어줄 수 있는 그런 사람이 나에게 좋은 사람이듯 말이다.

우리가 잘 될 때, 형통할 때 더욱 겸손해야 한다. 혹 어렵더라고 세상에서 위로 받으려고 하지 말자. 막걸리 퍼마신다고, 도박에 빠진다고 결코 잊힐 인생도 아니고 없어질 문제도 아니다. 바로 주님 앞에 달려나와 무릎 꿇고 엎드리자. "주님, 제가 어떡하면 됩니까? 제발 살려주세요!"라고 주님의 초대에 응답하자. 주님의 초청을 받은 사람은 영광스런 사람임을 잊지 말기 바란다. 더불어 그분이 내민 손을 믿음으로 붙잡는 우리가 되길 바란다.

인생에서 진정 행복한 사람이 되기 위해서는 인생의 방향이 바르게 설정되어 있어야 한다. 비행기가 미국을 가야 하는데, 그 설정이 호주로 되어 있다면 낭패가 아닌가? 우리의 인생도 마찬가지다. 우리는 주님께서 창조하실 때, 그분의 자녀로 창조되었다. 그분을 경배하고 찬양하기 위한 존재로 창조되었다. 때문에 우리 인생의 방향도 주님께 설정되어 있어야 한다. 그래야 인생의 고된 여정 가운데 쉼과 축복을 누릴 수 있다.

험한 세상 살아가기 힘든가? 일마다, 때마다 상처받아 사람이 무섭고 살아가기 힘든가? 그럴 때 우리에게 든든한 백이 있음을 잊지 말자. 우리가 그분께 가면 우리의 허물과 죄는 모두 용서받는다. 또한 그분은 우리를 책망하시지 않고, 그저 온유한 마음과 부드러운 손길로 맞아 주신다. 내가 그분께 온전하고 완전하게 믿음으로 나아가면 그분은 나에게 평강과 안식을 주신다. 그분이 주시는 참된 쉼과 평안을 누리는 인생이 되길 소망한다.

한 날의 괴로움은
그 날로 족하니

2

고난, 넘어야 할 산

인생은 참으로 골치 아픈 일이 많다. 그러나 분명한 건 사건보다 해석이 중요하다. 성경적인 프레임을 가지고, 기도하고 찬송하며 감사하는 사람은 성경적으로 자신의 인생을 해석해 나가야 한다. 부끄러운가? 약점이 있는가? 가시가 있는가? 하나님이 나에게 복을 주시려고 그렇게 하신다 생각해보라.

마귀의 간계를 능히 대적하기 위하여
하나님의 전신 갑주를 입으라

에베소서 6:11

피할 수 없으면,
싸워 이겨라

우리가 이 험한 세상을 살아가다 보면, 정말로 이해할 수 없는 일들이 많이 일어난다. 어떤 사람들은 그렇게 평안하게 잘 지내다가 갑자기 인생의 풍파가 일어나고, 어떤 사람들은 순적하게 사업을 하다가 졸지에 쫄딱 망하기도 한다. 왜 이런 이해할 수 없는, 어려운 일들이 일어날까? 나는 이런 모든 것을 '이상한 전쟁'이라고 말한다. 이 세상에는 인간의 유한한 지혜로 설명할 수 없는 그런 이상한 일들이 많다. 그건 우리가 사는 삶이 영과 육으로 되어 있어서 영적인 세계가 있기 때문이다. 모든 건 영적이다.

🌿 악한 어둠의 세력을 인지하라

"근신하라 깨어라 너희 대적 마귀가 우는 사자 같이 두루 다니며 삼킬 자를 찾나니"_베드로전서 5:8

당신은 이런 사람을 본 적이 있는가? 절을 잘 다니던 사람이 갑자기 뭔가 씐 듯 이상한 짓을 하고, 그렇게 행복하던 가정이 한 순간에 깨어지는 일들 말이다. 왜 사람들의 삶 속에 예상하지 못했던 일들이 일어나는 것인가? 베드로전서 5장 8절의 말씀을 보니, 악한 세력이 우는 사자와 같이 두루 다니며 삼킬 자를 찾는다고 한다. 동물의 세계를 보면, 짐승들이란 본능적으로 사냥을 한다. 굶주린 사자가 으르렁거리면서 삼킬 자를 찾아 발견 즉시 죽인다는 것이다. 이처럼 악한 어둠의 세력이 있다는 것이다.

성경이 사탄, 즉 마귀를 이야기할 때에는 악하고 더럽다는 형용사를 붙인다. 창세기부터 보면 우리 하나님은 좋으신 하나님이요, 합력하여 선을 이루시는 하나님이다. 그러나 사탄, 마귀는 성도들을 괴롭힌다. 성도들의 삶을 흔들고 까불며 가만히 두지를 않는다. 만약 악한 세력, 사탄이 붉은 피를 질질 흘리며

무시무시한 이빨을 드러내고 검은 망토를 입고 우리를 덤빈다고 생각해보라. 그러면 우리는 그들을 조심하지 않겠는가? 하지만 사탄은 전혀 그렇지 않다. 너무나 우아하고 섹시하며 럭셔리하게 다가와 성도들을 미혹한다.

> "마귀의 간계를 능히 대적하기 위하여 하나님의 전신 갑주를 입으라"-에베소서 6:11

악한 세력 마귀는 간계를 부린다. 간계(奸計)란 간사한 꾀를 의미한다. 즉 마귀는 우리를 속이는 자다. 솔직히 아름답고 화목하게 살고 싶지 않은 사람이 어디 있겠는가? 그러나 종종 '왜 저 사람의 인생은 저렇게도 꼬이는 걸까? 왜 이상하게 엮여서 피곤한 삶을 살아갈까?'라고 생각하지 않는가? 인생에는 정답이 없다. 그때그때 상황이 다르다. 어떤 한 사람의 인생을 단정적으로 결론내릴 수 없는 것이다. 많은 문제들이 얽히고설켜 있다. 잘 나가던 사람이 하루아침에 꼬꾸라지는 것들을 볼 때 악한 세력은 분명 있다.

우리는 악한 사탄의 세력을 결코 과소평가하면 안 된다. 어떤 똑똑한 사람보다도 사탄은 간교하다. 때문에 어떤 천재를 데려와도 사탄의 간교에 넘어가지 않을 사람은 없다. 적어도 사탄은 인간들보다는 머리가 좋다. 그래서 우리는 그들과 늘 전쟁을 하는 것이다. 보이지 않는 악한 세력과 이상한 전쟁을 치르는 것이다. 어떨 때에는 사탄과 샅바를 잡아보기도 전에 초전박살이 난다. 미끼 상품도 아닌, 그냥 마귀가 심심해서 오픈 전에 한번 '툭' 하고 던진 것에 히뜩히뜩 넘어가는 것이다. 때문에 우린 그 이상한 전쟁에서 참패를 당하기 쉽다.

우울증이 오고, 정신분열이 일어난다. 신경쇠약에 걸리고, 강박관념이 생긴다. 공황장애가 일어난다. 이 모든 것들의 원인을 한마디로 이야기할 수 없다. 왜? 우리의 몸과 마음이, 영혼이 상당히 복합적으로 되어 있기 때문이다. 여러 가지 요인들로 형성되어 있는데, 그럼에도 우리의 인생에 간섭하며 덤비는 세력이 있다. 때문이 우리는 늘 영적인 것을 분별하고 살아야 한다. 우리 주변에는 큰 사역, 큰일을 하는 사람들을 볼 수 있다. 그 사람들에겐 통찰력이 있는데, 바로 그들에겐 영 분별력이 있다는 것이다.

🌿 분별을 할 수 있는 통찰력을 키우라

통찰력, 그들에게는 안을 둘러보는 통찰력과 미래를 내다보는 예견 능력이 있기 때문에 어떤 조직에서든 일어날 일을 예견하고 예방하기에 화를 면하게 되는 것이다. **우리가 아무리 세상을 순수하고 순전하게 살고 싶어도 악하고 더럽고 강한 조직적인 어둠의 세력이 끊임없이 유혹하고 미혹한다.** 우는 사자도 건강한 짐승을 노리지 않는다. 병들거나 왕따를 당하며 혼자 뒤쳐져 있는 어린 것들을 공략한다. 전력을 다해 쫓아가 삼키는 것이다.

"[20]만일 주께서 그 날들을 감하지 아니하셨더라면 모든 육체가 구원을 얻지 못할 것이거늘 자기가 택하신 자들을 위하여 그 날들을 감하셨느니라 [21]그 때에 어떤 사람이 너희에게 말하되 보라 그리스도가 여기 있다 보라 저기 있다 하여도 믿지 말라 [22]거짓 그리스도들과 거짓 선지자들이 일어나서 이적과 기사를 행하여 할 수만 있으면 택하신 자들을 미혹하려 하리라 [23]너희는 삼가라 내가 모든 일을 너희에게 미리 말하였노라 [24]그 때에 그 환난 후 해가 어두워지며 달이 빛을 내지 아니하며 [25]별들이 하늘에서 떨어지며 하늘에 있는 권능들이 흔들리리라 [26]그 때에 인자가 구름을 타고 큰 권능과 영광으로 오는 것을 사람들이 보리라 ²⁷또 그 때에 그가 천사들을 보내어 자기가 택하신 자들을 땅 끝으로부터 하늘 끝까지 사방에서 모으리라"_마가복음 13:20~27

본문의 26절을 보니, "그 때에 인자가 구름을 타고 큰 권능과 영광으로 오는 것을 사람들이 보리라"고 말씀한다. 즉 우리 주님은 구름을 타고 오시지만, 사탄은 그 틈을 탄다는 말이다. 더불어 성도들은 주님이 다시 오시는 그날까지 소망을 가지고 힘든 현실을 참고 견디지만, 악한 존재 사탄은 그 틈을 탄다는 것이다. 그럼에도 우리는 요한복음 15장의 포도나무 비유와 같이 포도나무 가지가 줄기에 밀착되어 있는 것처럼 우리도 포도나무 가지에 밀착되어 있어야 한다. 틈이 보이면 사탄은 바로 그 틈을 헤집고 안방으로 들어온다.

보통은 이 모든 것을 단순하게 영적인 전쟁이라고 일컫는다. 그러나 나는 그렇게 말하고 싶지 않다. 왜냐하면 우리는 영적으로 민감하게 살아가면서 모든 상황을 분별해야 하기 때문이다. 분별하지 못해 마귀가 좋아하는 짓을 하면, 마귀를 스스로 불러들인

꼴이 된다. 악한 사탄은 찬송을 제일 싫어한다. 왜냐하면 찬송을 부르면 찬송의 권능이 있기 때문이다. 그런데 유독 찬송을 잘 부르지 않는 사람이 있다. 기도하고 찬송하며 예배하는 걸 즐거워하고, 아버지 집에 있는 것을 기뻐해야 하는데, 모든 것에 신통치 않은 것이다.

본문 23절의 말씀을 보니, "너희는 삼가라"고 말씀한다. 삼가 조심하고 두려워 떨면서 우리의 구원을 이루어야 한다. 어떤 인생도 호언장담할 수 없다. 우리의 앞길을, 미래를 아무도 알 수 없다. 이 일이 잘 될는지, 저 일이 잘 될는지 모른다. 나는 현대인들의 가장 큰 특징은 불안감이라고 보는데, 건강에 대한 불안함과 미래에 대한 불안함이 너무나 많다. 이 불안함은 사람에게 신경쇠약과 강박관념을 심어주어 우울증이나 공황장애, 또는 정신분열증을 일어나게 하는 것이다. 그런데 그 불안감 뒤에는 악한 세력이 있음을 기억하라!

원인을 바로 알아야 그에 합당한 치료가 가능하다. 무조건 약을 바르고 반창고를 붙인다고, 모든 병을 낫게 할 수는 없다. 원인을 발견하고, 그 원인을 잘 분별하여 원인 자체를 제거해야 한다. 그렇지 않으면 결국 계속해 재발하게 되는 것이다. 얼마나 많은 사람들이 성공하고도 하루아침에 건강을 잃고 사업이 망하며 실패하는가? 끝까지 주의 일을 감당하기 위해서는 에덴동산에서 쫓겨난 아담과 하와와 같이 되지 말고, 에스겔 골짜기에 말라빠진 뼈다귀같이 되지 말며, 장자권을 빼앗긴 에서와 같이 되지 말자.

우리는 주님 오시는 그날까지 삼가 두렵고 떨리는 마음으로 우리의 십자가를 붙들고 살아가야 한다. 그게 진정으로 잘 살고, 성공하는 삶이다. 나는 큰 수술을 하고 두려움에 빠져 있을 때 받은 말씀이 바로 "하나님이 우리에게 주신 것은 두려워하는 마음이 아니요 오직 능력과 사랑과 절제하는 마음이니"디모데후서 1:7라는 것이다. 즉 하나님께서 나에게 주신 것은 두려워하는 마음이 아닌, 능력과 사랑과 근신의 마음이다. 한 달 안에 죽는다고 하는데, 뼈가 녹는다는 그런 체험을 하고 있는 그때 하나님께서 나에게 주신 것은 두려워하는 마음이 아니었다.

그 말씀에 은혜를 받고 세월이 지나니, 그 말씀보다 중요한 것은 하나님께서 나에게 주신 것은 두려워하는 마음이 아닌 특별한 다음의 세 가지를 주신 것이다. 첫째, 능력이다. 즉 기도하면 권능을 받아 병을 이길 수 있다. 둘째, 사랑이다. 세상 사람들은 나를 미워하고 배반하며 떠날 수 있지만, 우리 하나님은 불멸의 사랑과 변함없는 사랑으로 나를 지키신다. 셋째, 근신이다. 이게 아주 중요한데, 근신이란 'self-control'을 말한다. 늘 나 자신을 절제하고 스스로를 지키는 마음을 의미한다. 즉 성령 충만한 마음이다.

천방지축 날뛰던 베드로가 사도행전 2장에서 오순절에 성령이 임하고 난 후, 사도행전 3장에서 어떻게 변화되는가? 제 구 시 기도 시간에 성전에 올라갔다가 앉은뱅이를 일으키는 기적을 행하지 않는가! 성령이 충만하면 영적으로 철이 들어 사람이 반듯해진다. 베드로와 같이 우리도 기도 시간을 정해놓고, 주일을 성수하자. 예배 시간에 함께 만나 친해지고, 그 시간이 즐거워질 때 우리의 영혼이 잘되고 범사가 잘되며 강건해지리라 믿는다. 우리가 기쁘고 즐거우면 사탄은 힘 한번 써보지 못하고 초전 박살나게 되어 있다.

당신은 사탄이 무심코 던진 돌멩이에 맞아죽는 우물 안 개구리가 되겠는가, 아니면 사탄이 샅바를 잡아보기도 전에 박살내 다시는 작전조차도 세울 수 없도록 하겠는가? 주변을 둘러보라. 여리고 성과 같이 견고하고 아름다운 조직이라 해도 어이없이 망하는 꼴을 우리는 자주 목격했을 것이다. 엄청난 큰 조직이라 설마 했지만, 매가리 없이 우르르 쓰러지는 것을 한두 번 본 것이 아닐 것이다. 기억하라! 사탄은 광명한 천사같이 나타나 우리를 삼키고자 두루 다닌다. 분별력을 기르자. 말씀과 기도로 성령 충만하여 사탄이 얼씬도 못하게 하라.

응급조치에도 골든타임이 있듯, 우리의 영적 세계에도 골든타임이 있다. 하나님께서 계속 사인을 주시고 징조를 주시는데, 그 전조를 깨닫지 못하면 결국에는 골든타임을 놓치게 되는 것이다. 영적인 골든타임을 놓치지 말라. 인생의 골든타임을 놓치면 결국 그 인생은 악한 사탄의 세력에게 종노릇하다가 끝나게 된다. 사탄은 오늘도, 지금 이 시간도 우리를 노리고 있는데 여전히 무장 해제하고 헤벌쭉해서 있으면 그건 사탄의 밥밖에 되지 않는다. 영적 전쟁에서 호시탐탐 노리고 있는 사탄을 민감하게 분별할 수 있길 바란다.

🌿 누구라도 시험을 피할 수 없다

야고보서 1장을 보면, 형제들이 여러 시험을 당한다고 한다. 아무리 기도를 많이 하는 사람이라도 다양한 컬러의 시험이 스트레이트로 들이닥치게 되는데, 이때 우리는 다음의 세 가지 마음을 버려야 한다. 첫째, 의심하지 말라. 우리는 의심하지 말고 배우고 확신한 일에 거해야 한다. 믿음의 확신-구원의 확신-응답의 확신-인도의 확신에 거해야 한다. 둘째, 두 마음을 품지 말라. 왜 우리는 연애할 때에도 양다리를 걸치면 안 되듯, 양다리 걸치면 사탄이 틈을 탄다. 한마음으로 힘써 나가야 한다. 셋째, 욕심을 버리라. 욕심이 잉태하면 죄를 범하기 때문이다.

본문의 22절을 보라. "거짓 그리스도들과 거짓 선지자들이 일어나서 이적과 기사를 행하여 할 수만 있으면 택하신 자들을 미혹하려 하리라"고 말씀한다. 특히 오늘날 자본주의와 실용주의에 사는 사람들은 힘센 놈이 장땡이고, 기적을 행한다면 '확확' 몰려간다. 하지만 그러면 안 된다. **어렵다고, 힘들다고, 아프다고 우리는 한판 뒤집기를 꿈꾼다. 하지만 우리 진짜 신앙인들은 그러면 안 된다.** 기도 한 번 했다고 암이 뚝 떨어지는 법은 없다.

누가복음 18장을 보니 불의한 재판관도 과부의 원한을 들어주거늘, 하물며 하늘에 계신 우리 아버지께서 택하신 자녀들의 밤낮 부르짖는 원한을 속히 응답해 주시지 않겠는가. 우리가 세례를 받고 하나님 나라의 호적에 등록되어 하나님 나라의 시민권이 발부가 되었는데 말이다. 내 마음과 온몸으로 느껴지지 않아도 우리의 신분과 소속은 달라졌다. 해외를 가보라. 여권과 비자가 얼마나 중요한가! 비행기를 탔다고 다 갈 수 있는 것이 아니다. 하나님 나라도 동일하다. 여권과 비자가 있어야 입국이 가능한 것이다.

본문의 20절을 보라. "만일 주께서 그 날들을 감하지 아니하셨더라면 모든 육체가 구원을 얻지 못할 것이거늘 자기가 택하신 자들을 위하여 그 날들을 감하셨느니라"고 말씀한다. 사람에겐 날이 있다. 누구든지 유통기한이 있는 것이다. 하나님께서 사랑하는 자, 택하신 자, 부르신 자들은 고통의 때를 벗을 때가 있다. 또한 가난하고 아프며 병들고 약할 때, 그 시간을 줄여주신다. 끝까지 힘들고, 계속 어려운 일이 발생하면 과연 누가 버티겠는가! 하나님께서는 사랑하는 자들을 마치 물가에 세워놓은 아이처럼 바라보시고 보호해 주신다.

우리 교회가 성공적으로 탄탄한 목회를 하는 것이나, 주변에서 성공적으로 살아가는 사람들은 어떻게 가능할까? 첫째는 하나님의 은혜요, 둘째는 하나님이 많이 봐주셔서 그렇고, 셋째는 하나님이 억수로 많이 봐주셔서이며, 넷째는 하나님이 속아주시고 기다려주시며 참아주시고 돈도 안 되는 자식을 끝까지 밀어주시는 데 있다. 아버지 하나님의 망극하고 무한하신 사랑이 그렇게 만들어 가시기 때문이다. 생로병사, 흥망성쇠, 희로애락, 생사화복 중에 이상한 놈도 있고, 어떻게든지 이거 막으려고 하는 악한 사탄의 세력도 분명 있다.

우리 하나님은 택하신 자들을 절대로 포기하지 않으시며, 무섭고 끔찍한 일을 당할 때에는 환란은 벗어나게 해 주시고 피할 길을 열어주시며 그래도 못 버틸 때에는 하나님께서 그 고통의 세월을 감하여 주신다. 유월절^{Passover}의 어린양을 기억하라. 피할 수 없다면, 빨리 지나가게 하라. 끔찍한 고통의 때, 무서운 시간이 빨리 흘러 어둠의 사망권세로부터 벗어날 수 있길 소망한다. 힘들수록, 어려울수록 더욱더 주를 의지하고 내 자신을 과신하지 말라. 마귀의 역사를 과소 평가하지 말고, 이상한 전쟁에서 완승하는 축복의 우리가 되길 간절히 소망한다.

여호와께서 모세에게 이르시되
이것을 책에 기록하여 기념하게 하고
여호수아의 귀에 외워 들리라
내가 아말렉을 없이하여 천하에서 기억도 못 하게 하리라

출애굽기 17:14

구원은
벼랑 끝에서 시작한다

　우리가 살아가는 인생길은 마치 이스라엘 백성들의 출애굽 여정과 비슷하다고 이야기한다. 이스라엘 백성들이 애굽을 떠나 홍해를 건너고 요단강을 건너 가나안 땅으로 들어가는 그 과정이 인생길과 비슷하다는 것이다.

　홍해를 건넌다는 것은 우리가 흔히 이야기할 때 세례를 받는, 즉 예수님 믿는 것을 말한다. 그럼, 요단강을 건넌다는 것은 무엇인가? "요단강가에 섰는데, 내 친구가 건너가네"라고 하면, 그건 사람이 죽는다는 의미다. 또한 이스라엘 백성들이 애굽을 떠나 홍해를 건너 40년 동안 광야에서 생활하는 것은, 우리가 이 세상에서 인생을 살아가면서 맞닥뜨리는 그런 사건과 사고들을 말한다.

"⁸그 때에 아말렉이 와서 이스라엘과 르비딤에서 싸우니라 ⁹모세가 여호수아에게 이르되 우리를 위하여 사람들을 택하여 나가서 아말렉과 싸우라 내일 내가 하나님의 지팡이를 손에 잡고 산 꼭대기에 서리라 ¹⁰여호수아가 모세의 말대로 행하여 아말렉과 싸우고 모세와 아론과 훌은 산 꼭대기에 올라가서 ¹¹모세가 손을 들면 이스라엘이 이기고 손을 내리면 아말렉이 이기더니 ¹²모세의 팔이 피곤하매 그들이 돌을 가져다가 모세의 아래에 놓아 그가 그 위에 앉게 하고 아론과 훌이 한 사람은 이쪽에서, 한 사람은 저쪽에서 모세의 손을 붙들어 올렸더니 그 손이 해가 지도록 내려오지 아니한지라 ¹³여호수아가 칼날로 아말렉과 그 백성을 쳐서 무찌르니라 ¹⁴여호와께서 모세에게 이르시되 이것을 책에 기록하여 기념하게 하고 여호수아의 귀에 외워 들리라 내가 아말렉을 없이하여 천하에서 기억도 못 하게 하리라 ¹⁵모세가 제단을 쌓고 그 이름을 여호와 닛시라 하고 ¹⁶이르되 여호와께서 맹세하시기를 여호와가 아말렉과 더불어 대대로 싸우리라 하셨다 하였더라"_출애굽기 17:8~16

본문을 보니, 한 전쟁 이야기가 나온다. 그런데 사실 이런 순간의 일들이 쌓여서 시간이 되고, 세월이 되며, 역사를 만들어간다. 지금까지 살아 보니, 우리가 살아가는 세상 속에서는 큰일도 없고 작은 일도 없다. 눈에 보이지도 않는 바이러스나 박테리아에 감염되어 사람이 죽기도 하고, 대형 사건이 터져도 어떤 한 사람만은 살아남는 경우가 있다. 이처럼 이스라엘 백성들도 출애굽을 할 때 보면, 애굽에서 벗어나 해방을 맞는 게 목적이 아닌 젖과 꿀이 흐르는 축복의 땅에 들어가는 게 목적이 된다. 교회의 역사를 보면 종교개혁 때 로마 가톨릭과 싸우다 보니, 선교를 많이 하지 못한다. 성경론에 대해 강조를 안 한다. 왜 그런가? 싸움에만 목적이 있기 때문이다.

우리가 신앙생활을 할 때에도 이것은 이래서 싫고, 저것은 저래서 싫다고 불평만 한다. 말씀의 바탕 위에 서서 살아가야 하는데, 그게 안 되는 것이다. 출애굽 과정도 보면, 초반부에는 애굽을 벗어나는 데만 목적을 가졌기에 '해방이다' 하고 좋아했다. 그런데 그 다음은 어떠한가? 나오는 길목부터 어려움이 생겼다. 출애굽을 하자마자 홍해를 마주하게 된 것이다. 이스라엘 백성들이 역사에서 가장 큰 불평과 불만을 표출한 곳이 바로 홍해 앞에서였다. 앞으로 가면 물에 빠져죽고 뒤로 가면 애굽 군대의 손에 죽게 되는, 그야말로 진퇴양난인 상황이다. 그때 우리 하나님은 너희는 손가락 하나 까닥하지 말고 여호와의 구원하심을 보라고 하신다.

이스라엘 백성들이 홍해에서 구원을 받은 후, 가장 큰 찬양집회가 이루어졌다. 사람들이 시장과 백화점에 가서 물건을 살 때는 비싸다고 난리를 치면서, 막상 사가지고 오면 좋다고 자랑하는 것과 같다. 이게 바로 인생이고, 우리가 살아가는 모습이다. 우리의 앞길은 늘 불안하다. 인생의 앞길은 아직도 구만리 같은 세월이 있는데, 이모작에 늦은 비의 복을 받고 살아가야 하는데 앞길은 모든 게 불안하다. 건강은 누구도 큰소리치지 못한다. 최근에도 어떤 분이 찾아와 이야기하시는데, 그렇게 건강했는데 갑자기 병이 2~3개가 중복해서 나타나니 꼼짝 못하고 모든 것을 다 내려놓게 됐다는 것이다.

건강 관리를 아무리 잘해도 교통사고가 나서 죽으면 아무 소용이 없다. 이뿐만 인가? 직장과 자식농사를 두고도 큰소리칠 사람 아무도 없다. 앞길을 생각하면 막막하기 짝이 없고, 홍해 앞에서 이스라엘 백성들이 그렇게 원망했듯이 우리의 인생길도 그렇게 살아갈 수밖에 없는 것이다. 그러나 홍해를 건너고 난 뒤에는 어떠했는가? "역시 우리 하나님! 살아계신 하나님! 여기까지 인도하신 하나님!"이라고 외치며 감사하고 또 감사 찬송을 하지 않았는가! 출애굽기 17장 앞쪽을 보니, 르비딤에서 물이 없어 백성들이 불평한다. 이에 하나님께서 모세를 통해 물을 주시는데, 모세는 너무도 화가 난 나머지 그 반석을 두 번이나 매우 갈겨치지 않았는가!

하나님의 영광과 거룩을 나타내야 하는 모세가 이스라엘 백성들에게 혈기를 부리고 감정을 드러냈기 때문이다. 모세는 120세까지 장수했다. 그러나 결국 이 사건으로 그는 약속의 땅 가나안을 바라보고 들어가지 못하고 죽음을 맞이했다. 이스라엘의 초대 왕 사울이 왜 죽었는가? 바로 하나님께 묻지도 않고 찾지도 않고, 신접한 여인에게 상담하니까 결국 하나님께서 그를 죽여버리신 것 아닌가! 그리고 다윗에게 왕권을 넘기시지 않았는가! 이스라엘 백성들이 홍해를 건너는 과정에서, 가나안 땅을 향해 가는 광야의 과정은 오늘날 우리의 인생사와 매우 흡사하다.

🌿 인생사는 온통 전쟁 이야기다

앞서 말했듯, 본문은 전쟁 이야기다. 성경은 전쟁 이야기라 할 만큼 수많은 전쟁이 등장한다. 창세기 3장을 보면, 원시복음이라고 하는 여자의 후손과 뱀의 후손이 싸우는 내용이 나온다. 성령으로 잉태되어 마리아의 몸을 통해 인간으로 오신 예수 그리스도와 사탄의 자식 뱀과의 물고 밟는 전쟁이 창세기에서 벌어지고, 본문의 출애굽기 르비딤에서 이스라엘과 아말렉이 전쟁하는 것이 나온다. 뿐만 아니라 시편에서 다윗이 고백하기를 '하나님은 나의 산성, 나의 피난처, 나의 요새'라고 말하는데 모두 군사 용어들이다. 성경 마지막 책인 요한계시록에 가면 어떤 전쟁이 마지막으로 등장하는가? 아마겟돈 전쟁이 등장한다.

이처럼 우리의 인생사도 마찬가지다. **인생은 싸움과 전쟁으로, 끝이 없다. 어느 가정에 갈등이 없고 분쟁이 없으며 문제가 없겠는가! 사람이 사는 곳에는 항상 어려움과 갈등의 요소와 문제가 생기기 마련이다.** 공동묘지는 조용하다. 즉 죽은 사람에게 어려움과 갈등과 문제가 없는 것이다. 본문은 우리가 사는 인생사의 모든 전쟁에서 어떻게 이길 것인가에 대한 해답을 기록하고 있다. 그렇다면, 가장 힘든 전쟁은 어떤 전쟁일까? 뱃살과의 전쟁, 쩐의 전쟁, 입시 전쟁, 취업 전쟁, 세포와 세균과의 전쟁? 전쟁 중에서도 가장 힘든 전쟁은 바로 그 누구와의 전쟁이 아닌 나 자신과의 싸움이다.

우리가 긴 세월을 살다 보면, 인생에서 나를 가장 괴롭히는 것이 있다. 바로 내 속에 있는 똥고집, 알량한 자존심, 정욕과 이기적인 세속의 자랑이다. 모두 나 자신과 관련된 것들이다. 본문 8절을 보니, 아말렉이 와서 이스라엘과 르비딤에서 싸운다고 기록되어 있다. 우리가 항상 성경을 보면, 타이밍이 있다. 일마다, 때마다 어려움이 있다. 본문의 그때는 아말렉이 쳐들어와서 이스라엘과 르비딤에서 싸우는데, 본문이 재미있는 것은 14절을 보니 내가 아말렉을 아주 진멸하겠다고 한 것이다. 그러면서 16절에 우리 하나님과 더불어 대대로 싸우리라고 말씀한다.

하나님은 사랑의 하나님이시다. 그런 우리 하나님께서 어떻게 아말렉을 향해서는 강하고 무섭게 말씀을 하시는 것일까? 아말렉이라는 존재는 성경에서 보면 '사·마·귀'와 비슷한 존재이기 때문이다. 즉 사탄, 마귀, 귀신과 같은 짓거리를 하는 존재라는 것이다.

아말렉은 이스라엘 백성들이 출애굽 행군을 해나갈 때마다 꼭 뒤에 와서 깐죽거리고, 어려울 때나 피곤할 때 그리고 힘들 때 와서 깐죽대니까 하나님께서는 그들을 아주 영악한 존재로 규정해 진멸해 버리시겠다고 말씀하신 것이다. 항상 우리의 삶 속에는 악하고 조직적이며 강한 세력이 있다. 그리고 그 세력은 우는 사자와 같이 삼킬 자를 찾아다닌다.

사실 인생길을 편안하고 원만하며 조용하게 살고 싶지 않은 사람이 어디 있겠는가? 그러나 가지 많은 나무에 바람이 많듯, 우리의 인생이 파란만장할수록 전쟁이 끊임없고 커질 수밖에 없다. 동물의 세계와 같이 영적으로 늘 깨어 있지 않으면 사탄에게 우리는 잡혀 먹히게 되어 있다. 때문에 이 땅 위에서 우리는 영적으로 겸비, 예비, 준비, 유비무환이 되지 않으면 안 되는 것이다. 그럼, 우리는 인생사에서 벌어지는 전쟁을 어떻게 이길 수 있을까? 본문의 전쟁에서 우리는 이기는 원리를 배울 수 있다.

9절을 보니, 모세가 여호수아에게 이르되 우리를 위하여 사람들을 택하여 나가서 아말렉과 싸우라고 말씀한다. 성경은 가르치기를 항상 어려워도, 힘들어도 가서 제자 삼으라고 말씀한다.

즉 본문도 너는 가서 싸우라는 것이다. 힘들다고, 어렵다고 웅크리고 있으면 안 된다. 과거 우리나라 농촌과 어촌에서 가난하게 살던 부모님들 세대는 부모가 가난하고 무식해도 아이들은 객지로 보내서 공부를 시키지 않았던가! 그래서 자녀들이 오대양 육대주로 뻗어나가고 세계로 흩어져서 오늘날 우리나라가 이렇게 발전한 것이 아닌가! 마찬가지다. 우물 안의 개구리가 되면 안 된다.

나무를 키울 때나 분재를 할 때 중요한 것은 가지치기를 잘해야 한다. 함부로 자라게 하면 안 되는데, 여기에는 조건이 있다. 첫째, 웃자란 가지, 교만한 가지, 다른 나무의 잎을 가리어 햇빛을 가리는 가지, 너무 자라는 가지는 세력을 조절해 잘라내야 한다. 둘째, 가지끼리 부닥치는 가지는 결국 둘 다 약해지기 때문에 이런 싸우고 분쟁을 하는 가지는 잘라버린다. 셋째, 안으로 파고드는 가지는 안 된다. 자고로 나뭇가지는 담장 너머로 뻗어나가야지, 안으로 기어들어오는 가지는 안 된다는 것이다. 넷째, 병든 가지, 상한 가지는 가만히 두면 결국 다른 가지까지 전염을 시키기 때문에 안 된다. 이처럼 가지치기를 할 때에도 원칙이 있듯이, 우리의 전쟁과 신앙생활에도 원칙이 있어야 한다. 그렇지 않으면 결국 소망이 없다.

우리가 바쁠수록 기도하고 힘들수록 찬송하며 어려울수록 감사를 해야 한다. 아말렉에 비하면 이스라엘 백성들은 형편이 없었다. 그러나 모세는 여호수아에게 쫄지도 말고, 떨지도 말고, 두려워 말고, 놀라지 말고, 나가서 붙어버리라고 명한다. 그리고 여호수아는 나가서 싸우게 하고, 모세는 하나님의 지팡이를 손에 잡고 산꼭대기에 서 있을 것이라 말한다. 여기서 모세의 지팡이가 아주 재미있다. 어떻게? 모세의 손이 내려오면 아말렉이 이기고, 모세의 손이 다시 올라가면 이스라엘 백성들이 이기는 것이었다. 이처럼 하나님 구원의 역사는 우리가 어려움을 당할수록 더욱 강하게 역사하신다.

🌿 구원의 은혜는 벼랑 끝에서 시작한다

우리가 신앙생활을 하면서 감사한 것은, 나는 부족하고 준비가 안 되어 있어도 하나님께서는 나보다 앞서 행하시는 것이다. 미리 나의 필요를 아시고 나의 모든 것을 채워 주신다. 사실 본문의 모세에게는 무슨 특수 비밀 병기나 마법의 지팡이가 있는 게 아니다. 그저 지팡이 하나 들고 나가는데, 주님께서 그에게 '너는 지팡이를 잡고 산꼭대기에 서라'고 말씀하셨다. 본문 9~10절에 '산꼭대기'라는 말이 두 번이나 나온다. 그런데 왜 하나님께서는 하필 '산꼭대기'를 명하신 것일까요? 우리가 인생을 살 때 원만하면 얼마나 좋겠는가? 그러나 성도의 삶은 백척간두百尺竿頭를 지나가고 벼랑 끝을 지나가는 인생이다.

성경에 보면, 하나님께서는 우리를 인도하실 때 그저 곱게만 인도하시는 분이 아니다. 벼랑 끝으로 인도하신다. 그리고는 그런 우리 인생 가운데 힘이 없는 자에게, 피곤한 자에게 늘 새 힘을 주신다. 그냥 새 힘이 아닌 독수리가 날개 침 같은 힘을 더하신다. **하나님은 우리의 삶을 그저 시시하게 인도하시는 분이 아니다. 백척간두와 같은 그런 벼랑 끝으로 몰고 가신 후에 우리에게 큰 은혜와 구원을 허락하신다.** 이스라엘 백성들이 홍해 앞에서 진퇴양난進退兩難에 빠졌지만 구원해 주신 것처럼, 우리의 인생도 벼랑 끝까지 몰고 가신 후에 구원의 은혜를 허락하신다.

본문 11절을 보니, 모세가 손을 들면 이스라엘이 이기고 손을 내리면 이스라엘이 진다. 이는 기도 응답의 원리이다. 기도의 손을 들면 이기고, 기도의 손을 내리면 지는 것이다. 전도의 원리가 무엇인가? 나가면 있고 안 나가면 없는 것이다. 그래서 우리의 신앙 생활은 항상 찾고 또 찾도록 하는 것이고, 사모하고 갈급한 마음을 가지게 하는 것이다. 하나님께서는 부르짖는 자에게 크고 비밀한 것을 주시고, 두드리는 자에게 열어주시며, 사모하는 자를 만족하게 하신다. 때문에 본문의 모세는 피곤을 무릅쓰고 산에 올라가서 손을 들고 기도하는 것이다. 12절을 보니, 모세의 팔이 피곤하다고 말씀한다. 인생의 큰 문제는 우리에게 큰 피로감을 준다.

복 있는 사람, 쓰임 받는 사람, 행복한 사람의 특징은 축복의 DNA가 다르다. 될성부른 나무는 떡잎부터 다르다는 말처럼, 축복에는 세 가지 증세가 나타난다. 바로 갈증, 긍정, 열정이다. 첫째, 갈증은 무엇인가? 사슴이 시냇물을 찾듯이 갈급한 마음은 우리로 하여금 샘을 파도록 한다. 둘째, 긍정이다. 되는 사람은 어려운 일을 당해도 이상하게 찬송이 나오고 감사가 나온다. 어려운 일을 당할 때 자꾸 짜증이 나고 불평이 나면 그건 심판이다. 절대 긍정, 안 좋은 일이 생겨도 늘 감사와 찬송이 터져나오는 사람이 축복의 사람이다. 셋째, 열정은 해도 해도 피곤치 않고 지치지 않는 삶을 말한다. 이 세 가지가 축복의 사람이 가진 DNA다.

기력이 쇠하지 않고, 눈이 흐리지 않은 채 120세까지 장수했던 모세이지만 계속 손을 들고 있으려니 얼마나 환장했겠는가! 손이 점점 내려온다. 피곤에 찌들어 있다. 어느 인생인들 피곤하지 않겠는가? 어느 가정이든, 직장이든, 교회든 시험 거리는 있기 마련이다. 어린 아기가 태어나서 자라면서 성장통을 앓듯, 우리는 인생을 살면서 시험을 당하고 고비를 넘기며 성장해 간다. 때문에 우리는 어떤 전쟁이든 반드시 이겨야 한다. 전쟁에는 2등과 3등이 없다. 무조건 이겨야 하는 게 전쟁이다.

마지막으로, 12절에서는 네 사람이 아름답게 동역하는 모습을 볼 수 있다. 모세는 산꼭대기에서 손을 들고 기도하며, 아론과 훌은 모세의 손을 받쳐 주었다. 이때 젊은 여호수아는 전쟁터에 나가 현장에서 열심히 싸웠다. 이처럼 되는 집안 또는 교회는 각자의 자리에서 최선을 다하고, 그 모든 동역이 합력하여 아름다운 가정 또는 교회를 만든다. 바쁠수록 기도하고, 힘들수록 찬송하며, 어려울수록 감사하라. 그것이 인생에서 일어나는 모든 전쟁을 이길 수 있는 힘과 능력이 된다. 인생을 살아갈 때 사탄에게 지지 말고, 떨지도 말고, 쫄지도 말고, 승리의 깃발을 높이 들고 승리의 개가를 부르는 여호와 닛시의 하나님을 만나길 소망한다.

그러므로 내가 그리스도를 위하여
약한 것들과 능욕과 궁핍과 박해와 곤고를 기뻐하노니
이는 내가 약한 그 때에 강함이라

고린도후서 12:10

약할 때
강함을 경험하라

신앙의 세계에는 역설적인 것들이 많다. 보통 사람들이 상식적으로 생각할 때에는 강한 것, 큰 것, 센 것이 좋은 것 같지만 본문에서 사도 바울은 "내 능력이 약한 데서 온전하여짐이라"고린도후서 12:9고 말씀한다. 내가 약할 때 진짜 강하고, 약할수록 예수 그리스도의 능력이 나를 강하게 한다는 것이다. 사실 우리가 생각할 때에는 가난한 것은 자랑스러운 게 아니라고 생각한다. 그러나 성경은 "심령이 가난한 자는 복이 있나니 …… 애통하는 자는 복이 있나니"마태복음 5:3~4라고 말씀한다. 그 이유는 무엇일까?

내 동생은 나를 닮아서 소심하고 연약한 성격이다. 그런데 연애하는 것을 보니, 굉장히 센 여성을 좋아하는 것이다. 내가 봤을 땐 저건 결혼하면 한 달도 안 돼서 분명 이혼할 것 같았는데, 잘 살더란 것이다. 왜? 우리는 나에게 없는 것을 상대방이 가지고 있을 때 좋아하는 습성이 있기 때문이다. 노래를 못하는 사람은 노래를 아주 잘 하는 사람을 부러워한다. 물론 더러는 질투를 하지만, 보통은 부러워하기 마련이다. 정서상 마음이 약한 사람들이 TV 시청률이 높다 왜? 마음이 불안하니까 TV라도 보면서 근심을 잠시나마 잊어버리는 것이다.

내면의 세계가 불안한 사람일수록 센 것을, 강한 것을 의지하게 마련이다. 마음의 평강이 없을수록 외부의 자극에 쉽게 상처를 받고 쉽게 요동한다. 소심한 사람일수록 훨씬 더 공격적이고, 내성적인 사람이 훨씬 더 잔인하다. 약해보이면 무시당할까 하여 과격하게 말을 하고 행동하는 것이다. 때문에 나같이 말을 세게 하는 사람이 의외로 여리다고 봐야 한다. 그런데 하나님의 구원의 역사는 이상하다. 약한 것을 강하게 하시고, 작은 자를 통해 천 배로 역사하신다. 하나님은 고아와 과부의 하나님이시다.

🌿 하나님은 연약한 자를 사용하신다

성경을 통해 우리는 하나님 앞에 귀하게 쓰임받은 연약한 사람들을 쉽게 만날 수 있다. 다윗은 어릴 때 들판에서 양치기를 하던, 스펙이 전혀 없던 자였다. 그는 들판에서 양을 치며 주님을 생각하며 찬양하는 시를 적고 노래하는 그런 천진난만한 아이였다. 하나님 앞에 그저 귀염둥이였던 그가 결국에는 이스라엘의 왕이 되었다. 삼손도 마찬가지다. 삼손의 일생을 보면 순전히 마마보이이다. 그러다가 엄마를 떠나, 즉 기도의 슬하를 떠나면서 죄를 범하기 시작했다. 그러다가 결국 머리를 깎이고 힘을 다 잃고 나서야 자신의 죄를 뉘우쳤고, 쓰임을 받았다.

모세는 어떠한가? 그는 살인자로 미디안 광야로 야반도주한 자였다. 불혹의 나이에 애굽 왕실의 로얄 코스를 마스터하고도 결국은 인생의 또 다른 40년을 광야에서 숨어 지냈다. 하나님께서는 그를 쓰시기 위해 80년의 세월을 기다리셨다. 그리고 그가 혈기가 빠지고, 자존심도 다 사라졌을 때 비로소 사용하신다. 80세에 부름을 받아 120세까지 40년을, 하나님께서는 그를 쓰시기 위해 80년을 훈련시키셨던 것이다. 하나님은 우리가 청년 때, 대단한 스펙을 가질 때 사용하시는 것이 아닌 오직 주님을 의지할 수 있을 때 사용하신다.

사도 사울은 당시 엄청난 스펙을 소유한 청년이었다. 열심이 특심하여 하나님을 오해하고 예수님을 핍박하며 교회를 해코지 했던 사람이다. 뿐만 아니라 스데반 집사를 죽이는 데 앞장섰던 사람이요, 그가 돌에 맞아 죽는 것을 보면서도 당연하다고 했던 사람이다. 그러던 그가 성령에 매이고 나니 사람이 변했다. 인생의 가치관과 세계관이 변화했다. 성령으로 변화되니, 그에게 자랑은 오히려 부끄러움이 되었다. 그는 부득불 자랑한 것이, 약한 것을 자랑한다고 본문을 통해 말씀한다.

"⁹나에게 이르시기를 내 은혜가 네게 족하도다 이는 내 능력이 약한 데서 온전하여짐이라 하신지라 그러므로 도리어 크게 기뻐함으로 나의 여러 약한 것들에 대하여 자랑하리니 이는 그리스도의 능력이 내게 머물게 하려 함이라 ¹⁰그러므로 내가 그리스도를 위하여 약한 것들과 능욕과 궁핍과 박해와 곤고를 기뻐하노니 이는 내가 약한 그 때에 강함이라"_고린도후서 12:9~10

우리가 긴 세월을 살다 보면, 먼저 된 자가 나중 되고 나중 된 자가 먼저 된 일이 많다. 강한 자가 살아남는 것 같지만, 현실은 살아남은 자가 진정 강한 사람이다. 나는 동물의 세계를 참 좋아한다. 왜? 우리의 인생과 비슷하기 때문이다. 독수리나 호랑이가 오래 살까, 아니면 쥐나 바퀴벌레가 오래 살까? 강한 동물의 제왕이 쓰러지지, 쥐나 바퀴벌레는 절대로 멸종하지 않는다. 약한 자들이 진정 강한 것이다. 강한 이빨은 부러지기 쉽지만, 부드러운 혓바닥은 절대로 부러지는 법이 없다. 리바이벌이 아니라 서바이벌이 중요하다.

사람이 약할 때 자신의 약한 것을 자랑한다는 것은 마음속에 하나님께서 위로부터 주시는 은혜이고 긍휼이다. 쌀독에서 인심이 난다고, 하나님께서 부어주신 평강이 넘치면 내면의 세계가 회복되고 날마다 그 상태가 온유하다는 것이다. 겸손한 사람은 원수를 안 건드린다. 그러나 교만한 자는 넘어지기 마련이다. 강한 자가 실패하지, 약한 자들은 남들이 보호해주고 도와주니 실패가 없다. 우리 성령님도 로마서 8장 26절의 말씀을 보니, 우리의 연약함을 도와주신단다.

"이와 같이 성령도 우리의 연약함을 도우시나니 우리는 마땅히 기도할 바를 알지 못하나 오직 성령이 말할 수 없는 탄식으로 우리를 위하여 친히 간구하시느니라"_로마서 8:26

🌿 약할 때 보혜사 성령님께서 도와주신다

보혜사 성령님은 내가 약할 때 나를 도와주시는 분이다. 성경이 말씀하기를, 예수님께서도 연한 순과 같다고 하였다. 다시 말해, 예수님께서 자라날 때 무슨 아름다운 모양이나 품채가 없었다는 것이다. 그저 가녀리고 연약한 이파리가 돋아나듯, 연한 순과 같이 자라나셨다는 것이다. 나아가 세상 죄를 지고 가는 하나님의 어린양이지, 무슨 독수리나 호랑이 같은 분이 아니었다. 그분은 우리의 연약함을 체휼하셨다. 그리고 우리와 같이 한계를 느끼고, 고통을 당하는 그런 육신을 입고 이 땅에 오셨다.

주님은 나를 지으시고 부르셨다. 주신 자도, 취하신 자도 주님이시다. 때문에 내가 잘났든, 못났든, 약점이 있든 없든 모든 것은 주님의 뜻이고 우리의 연약함을 나보다 더 잘 아신다.

세월이 지나면 축복 같은 저주가 있고, 저주 같은 축복이 있는 법이다. 머리 좋은 사람이 사기치지, 머리 나쁜 사람은 사기도 칠 줄 모른다. 모세에게 형님 아론을 붙여주신 하나님, 그분은 모세가 말을 더듬는 사람인 줄 아셨다. 때문에 말을 잘하는 아론을 붙여주신 것이다. 마찬가지다. 우리의 연약함을 누구보다 잘 아시는 하나님께서는 우리의 연약함도 채워주신다.

우리의 연약함은 멀리서 찾지 않아도 쉽게 본다. 교회 예배 시간, 장로님들이 대표기도할 때를 보면 마음에 있는 것을 표현하지 못해 우물쭈물하니 부인 권사님들이 다 적어주고 읽기만 하지 않는가! 사업할 때는 불같이 하는 장로님들이 왜 강단에만 서면 벌벌 떠는가? 바로 하나님 앞에 진정과 신령함으로 서기 때문이 아닌가! 이건 부끄러움이 아닌 축복이다. 나도 설교 전에 강대상에 오르면 발이 벌벌 떨린다. 엄청 무서운 자리이기 때문이다. 그러나 성령님께서는 설교 시작과 동시에 나의 입술을 열어 말씀을 줄줄줄 전하게 하신다.

세월이 지나면 강한 것과 약한 것, 성공과 실패, 행복과 불행이 별거 아니라는 것을 깨닫게 된다. 다만 나 스스로 '쓰리비', 즉 세 가지 비교를 하지 마라. 첫째, 비교심리에 빠지지 마라. 둘째, 비판의식에 사로잡히지 마라. 셋째, 불평불만에 빠지지 마라. 비교심리에 빠져서 이겨 먹으려고 하는 라이벌 의식에 빠지지 말고, 비판의식에 빠져서 매사를 판단하고 멸시하며, 불평불만에 빠져서 안 좋은 것만 자꾸 생각하면 얼마나 슬픈 인생인가! 세월이 지나면 다 거기서 거기다. 도토리 키 재기이며, 오십보백보 차이다. 사람은 별거 없다.

하나님께서 나를 지으신 그대로, 내 모습을 사랑하라. 이웃을 내 몸과 같이 사랑하라. 부모도 공경하라. 그래서 내 자신도 축복의 사람이 되고, 나로 인해 주변에도 축복을 전할 수 있길 바란다. 남의 가슴에 염장을 지르는 사람이 아닌, 상대방을 세워주는 사람이 진정 하나님의 사람이 아니겠는가! 하나님을 경배하고 예수님을 사랑하며 성령님을 환영함으로, 그분 사랑의 진정한 승자가 되라. 일은 잘하는데, 사역은 잘 하는데 건강을 잃고 사람에 실패하면 무슨 소용이 있겠는가?

내가 중국과 홍콩에 가보니, 거리에 한자로 '小心'소심이라고 적혀 있었다. 무슨 말인가? 주의하라는 말이다. 사실 나는 매우 소심한 사람이라 '소심'에 콤플렉스가 있는데, 중화권을 여행하다 보니 거리에 주의하라는 걸 전부 '소심'이라고 적어놓은 것이다. 얼마나 기분이 좋은지 말이다. 사실 소심한 사람은 대범한 사람을 약간 부러워한다. 그러나 대범한 사람은 소심한 사람의 디테일을 부러워한다. 그러나 다 부질없다. 왜? 하나님께서는 주신 대로, 생긴 대로 사용하시기 때문이다.

더불어 나를 지으신 하나님께서 쓰시고자 하면, 얼마든지 약한 자를 강하게 역사하여 사용하실 수 있다. 만석꾼은 만 가지 고민이 있다고 한다. 즉 없는 것에 대해, 약한 것에 대해 전혀 부끄러워할 필요가 없다. 요셉이 가장 외롭고 고독할 때 하나님께서는 함께하셨다고 기록되어 있다. 내가 아플 때, 우리 하나님은 나의 병상 가까이 오시는 분이다. 어린이가 성장하면서 성장통을 겪는 것처럼, 우리도 아플 때 철이 든다. 한 번씩 아파야 자기 자신을 깨닫는 것이다. 한 번도 안 아픈 사람은 굉장히 위험한 사람이다.

평소 골골하는 사람은 자신의 연약함을 알기에 늘 자신의 몸을 신뢰하지 않고 주님께 의지한다. 생로병사가 다 하나님의 손에 있다는 것을 믿기 때문이다. 그래서 늘 주님을 의지해 새

벽마다 기도하고 큐티하며 말씀을 읽는다. 이런 사람은 주님 앞에 삼가 두려워하고 떨리는 마음으로 그분을 경외하는 삶을 살기 때문에 성령으로 인해 건강도, 컨디션도 늘 유지가 되는 것이다. 성경에서는 바로 이삭과 같은 사람이다. 아브라함의 아들 이삭은 날마다 배다른 형제 이스마엘에게 희롱을 당한다. 어딜 가나 앞가림 못하는 인생, 성경에서 가장 연약한 자이다.

창세기 26장을 보면, 우물을 팠다 하면 다 빼앗기고 실랑이가 생긴다. 그는 자리를 옮겨 우물을 파고 또 판다. 인생이 참으로 복이 없어 보이나, 하나님께서는 그에게 백 배의 복을 주신다. **우리가 일부러 약할 필요는 없지만, 약한 것이 없는 것이 약점이다. 때문에 약점을 부끄러워할 것도 없고, 숨길 필요도 없다. 무수가 고수인 것이다.** 바보는 암에도 안 걸린다고 한다. 왜? 잔머리라도 굴려야 스트레스를 받지, 그것도 없는 사람은 그마저도 스트레스를 받지 않는다는 것이다. 그저 행복하고 기쁘다. 결국 누가 똑똑한 것인가? 암에 안 걸리는 바보다.

스펙을 자랑하고, 재산을 자랑하지 말라. 다 부질없는 것이다. 돈을 천 억 만졌다고, 나라의 고관대작을 차지했다고 누가 존경하겠는가? 아무도 존경하지 않는다. 다 부질없다. 본문의 말씀처럼 약한 그때가 강함이라는 것을 기억하라. 약한 것을 기도하라. 내가 약하니까 주님을 의지하고 찾게 되는 것이다. 육체의 가시 때문에 내가 하나님 앞에 기도하고, 그때 하나님께서는 나의 생사화복, 흥망성쇠, 생로병사, 희로애락의 주관자가 되어 주신다. 약한 것을 만족하며, "내 잔이 넘치나이다"라고 기도하는 우리가 되길 바란다.

내 은혜가 족하다

사도 바울과 같이 감옥에 갇혀 있으면서도 내 은혜가 족하다고 고백할 수 있어야 한다. 더불어 그와 같이 일체의 비결을 배우는 우리가 되어야 한다. 어떤 형편에 있든지, 우리는 자족할 수 있어야 한다. 약한 것을 자랑하라. 아픈 것도 자랑하라. 원래 병은 소문을 내야 한다. 왜? 그래야 명의를 만나고 명약을 만나게 되는 것이다. 나의 연약함을 자랑함으로 주님께서 채워주시는 은혜를 누리고 살길 바란다. 그러면 나와 같은 촌놈도 주님의 은혜로 이런 큰 사역을 감당하게 된다. 콤플렉스가 오히려 복이 된다.

나의 연약함을 주님께 고백할 때 주님께서는 은혜 위에 은혜를, 갑절의 영감을, 칠 배의 권능을, 백 배의 결실을, 천 대까지 축복을 내려주신다. 한번은 방송국에 갔는데, 한 작가가 나에게 '에너자이저'라고 하는 것이다. 날 보면 에너지가 팍팍 난다는 것이다. 또 조금만 이야기하면 마치 박카스를 마신 것과 같이 힘이 난다는 것이다. 사실 나는 엄청 소심해서 방송국만 가면 벌벌 떨어서 힘이 빠지는데 말이다. 나의 소심함을 아시는 주님께서는 나에게 신앙의 발전 동력을 가동하시는 것이다.

오직 성령이 임하면 권세와 능력을 받아 내가 강함으로 주님을 의지해 나아갈 수 있는 것이다. 성령님이 주시는 에너지를 받으면 탄력을 받아 가속도가 붙어 확 밀고 나가게 되는 것이다. 가정도, 사업도 이 에너지를 통해 잘 될 때가 좋은 것이다. 그러나 약한 것을 숨기려 할 때, 부끄러워할 때 어려움이 생긴다. 한이 생기고, 콤플렉스가 생긴다. 스스로 자신의 콤플렉스를 말할 수 있을 때, 그건 주님 앞에서 이미 해소가 되었다는 것이다.

우리에게 향하신 주님의 인자하심이 크다. 주님의 은혜 받음, 긍휼이 여겨주심, 불쌍히 여겨주심, 주님이 주신 그 내면의 평강이 흘러넘치니 부끄러울 것도 없다. 내 모습 이대로 살아가게 되는 것이다. 스펙도, 그 어떤 강함도, 자랑도 다 헛되고 부질없다. 온전히 그리스도와 십자가만 자랑하고, 그 외의 것은 배설물로 여기는 우리가 되길 소망한다. 사도 바울과 같이 약할 때 강함을 경험한 사람은 사도 바울이 누렸던 그 자유함을 누릴 수 있다. 새털처럼 가볍게, 집도 처자식이 없어도 세상 부러울 것이 없다.

인생은 참으로 골치 아픈 일이 많다. 그러나 분명한 건 사건보다 해석이 중요하다. 성경적인 프레임을 가지고, 기도하고 찬송하며 감사하는 사람은 성경적으로 자신의 인생을 해석해 나가야 한다. 부끄러운가? 약점이 있는가? 가시가 있는가? 하나님이 나에게 복을 주시려고 그렇게 하신다 생각해보라. 그러면 사도 바울과 같이 내 은혜가 족하나라는 고백이 나올 것이다. 연약한 만큼 더 겸손히 기도함으로, 쓴물이 단물이 되고, 애물단지가 보물단지가 되며, 근심거리가 간증거리가 되는 삶을 살아낼 수 있길 소망한다.

내가 네게 명령한 것이 아니냐
강하고 담대하라
두려워하지 말며 놀라지 말라
네가 어디로 가든지 네 하나님 여호와가
너와 함께 하느니라 하시니라

여호수아 1:9

거룩할수록
핍박은 심하다

성경에는 수많은 왕들이 나온다. 남쪽 유다와 북쪽 이스라엘에 39명의 왕들이 나타나지만, 본문 5절을 보면 그의 전후로 유다의 여러 왕 중에 그러한 자가 없었다고 말씀한다. 전무후무한 왕이 바로 히스기야 왕이다. 독특한 신앙생활을 하고, 누구보다도 전쟁에서 대승하며, 죽을병을 고침받을 정도로 하나님 앞에서 많은 복을 받은 사람이었다. 하지만 그 또한 결정적인 실수를 하여 저주와 심판을 받고, 그 과정에서 변화무쌍한 파노라마처럼 롤러코스터를 타듯이 복잡다단한 삶을 살아간 사람도 역시 히스기야 왕이다. 그의 파란만장한 삶을 살펴보면서 그만의 신앙생활을 배워보자.

"¹이스라엘의 왕 엘라의 아들 호세아 제삼년에 유다 왕 아하스의 아들 히스기야가 왕이 되니 ²그가 왕이 될 때에 나이가 이십오 세라 예루살렘에서 이십구 년간 다스리니라 그의 어머니의 이름은 아비요 스가리야의 딸이더라 ³히스기야가 그의 조상 다윗의 모든 행위와 같이 여호와께서 보시기에 정직하게 행하여 ⁴그가 여러 산당들을 제거하며 주상을 깨뜨리며 아세라 목상을 찍으며 모세가 만들었던 놋뱀을 이스라엘 자손이 이때까지 향하여 분향하므로 그것을 부수고 느후스단이라 일컬었더라 ⁵히스기야가 이스라엘 하나님 여호와를 의지하였는데 그의 전후 유다 여러 왕 중에 그러한 자가 없었으니 ⁶곧 그가 여호와께 연합하여 그에게서 떠나지 아니하고 여호와께서 모세에게 명령하신 계명을 지켰더라"-열왕기하 18:1~6

본문을 보면 히스기야 왕은 쓰임받을 수밖에 없는, 복을 받을 수밖에 없는 그런 될성부른 나무의 떡잎이 보인다. 우리는 이 부분을 좀 살펴, 그때그때 히스기야가 감당해야 될 신앙의 분깃을 알아보자. 그가 과연 무엇을 감당하고, 무엇을 감당하지 못했는지 말이다. 나아가 산전수전 다 겪고, 호사다마 끝에 그가 자신의 일생을 어떻게 평가하고 있는지 살펴보자.

🌿 비결 1. 그의 신앙은 모친의 영향이다 (2절)

히스기야 왕이 쓰임받을 수밖에 없는, 복을 받을 수밖에 없는 그런 사람이 된 비결은 본문에 이미 5~6가지가 나온다. 1절을 보면, "이스라엘의 왕 엘라의 아들 호세아 제삼년에 유다 왕 아하스의 아들 히스기야가 왕이 되니"라고 말씀한다. 히스기야 왕의 아버지 아하스 왕은 아주 좋지 못한 왕이었다. 그의 아들 므낫세 왕은 이스라엘 왕들 중에서도 가장 악한 왕이었다. 그러니까 아버지도 엉망이고 아들도 엉망인데, 어쩌다 가뭄에 콩 나듯 샌드위치에 히스기야 왕은 전무후무한 그런 왕이 되었다는 것이다. 이처럼 우리가 성경을 해석할 때, 윗물은 더러워도 우리가 조상 탓을 할 필요가 전혀 없다. 왜? 하나님 앞에서는 아무 관계가 없기 때문이다.

신앙은 개인적인 문제다. 때문에 내가 복의 근원이 되고, 그냥 샘물이 되면 된다. 그러면 윗물이 더러워도 상관없다. 히스기야 왕의 아버지도 엉망진창, 아들도 엉망진창인데 유독 히스기야 왕은 전무후무한 신앙생활을 하였다. 2절을 보니, "그가 왕이 될 때에 나이가 이십오 세라 예루살렘에서 이십구 년간 다스리니라 그의 어머니의 이름은 아비요 스가랴의 딸이더라"고 말씀한다. 여기서 우리는 그마나 군계일학群鷄一鶴처럼 그렇게 가뭄에 콩 나듯 히스기야가 독보적으로 쓰임받은 비결을 찾을 수 있다. 바로 그의 어머니 때문이다. 어머니의 이름은 '아비'인데, 그것은 '하나님은 나의 아버지다'라는 뜻이다.

이 '아비'의 어머니 이름은 '스가랴'다. 이 '스가랴'의 이름은 구약 성경에 15명 정도 나오는데, 이 이름은 레위 족속의 이름이다. 잘 아는 것과 같이 레위 족속은 제사장 반열에서 늘 아버지의 집, 성전에서 봉사했던 레위 족속의 딸이었던 것이다. 히스기야 왕의 아버지는 고주망태 같고 아들도 엉망진창이었지만, 결국 그는 어머니를 잘 만나서 좋은 신앙의 왕이 되었다. 이처럼 어머니의 영향력은 참으로 중요하다. 성경에 나오는 신앙의 여러 선배들을 볼 때, 어떤 할머니 밑에서 그리고 어떤 어머니 밑에서 자랐다는 이야기가 많이 등장한다. 결국 엉망진창인 집안에서 히스기야는 외조모와 모친의 영향으로 잘 양육을 받았다는 것을 알 수 있다.

🌿 비결 2. 그는 여호와 보시기에 정직하게 행했다 (3절)

본문 3절을 통해, 우리는 성경에서 하나님께서 기준으로 삼은 사람은 다윗임을 알 수 있다. "히스기야가 그의 조상 다윗의 모든 행위와 같이 여호와께서 보시기에 정직하게 행하여"라는 말씀과 같이 히스기야는 다윗과 같이 여호와 보시기에 정직하게 행했다고 전한다. 그러나 사실 여기서의 '정직하다'는 것은 죄가 없다는 말이 아니다. 왜? 다윗은 밧세바를 간음하기 위해 자신의 충신 우리야를 전쟁터 앞자리로 내몰아서 죽게한, 살인교사 죄를 지은 사람이기 때문이다. 이런 그를 정직하다고 성경이 기록하는 것은, 그가 바로 회개했음을 말한 것이다. 다윗은 자신의 죄를 얼른 뉘우치고 돌이켜 회개하였다.

솔직히 이 세상에 살아가는 사람들 중에 허물과 티가 없는, 하늘을 우러러 한 점 부끄럼 없이 살아가는 사람이 어디 있겠는가? 그런 존재는 없다. 성경에도 완전무결한 그런 존재는 없다. 다윗이 잘한 것은 얼른 돌이켜 회개한 것이다. 즉 하나님 앞에서 정직했다는 것은, "주님 앞에 내 모습 이대로 나아갑니다. 주님, 제가 이렇습니다. 이것밖에 안 됩니다"라며 회개를 감당했다는 이야기다. 히스기야 왕도 다윗과 같이 정직하게 행했다. 나중에 나오지만, 히스기야가 실패하고 어려움에 처했을 때 그는 바로 뉘우치고 회개한다. 그 부분이 히스기야가 하나님께 쓰임받을 수밖에 없는 존재라는 것을 증명한다.

비결3. 그는 '거룩'을 감당했다(4절)

본문 4절을 보면, 히스기야는 여러 산당들을 제거하며 주상을 깨뜨리고 아세라 목상을 찍으며 모세가 만들었던 놋뱀을 부수었다고 전한다. 즉 히스기야가 '거룩'을 감당했다는 이야기다. 하나님께서 한 시대에 쓰신 사람들을 보면, 그들은 대부분 자신에게 주어진 '거룩'을 잘 감당한 것을 볼 수 있다. 느헤미야는 무너진 성벽을 재건했고, 엘리야는 무너진 재단을 수축했으며, 요시아는 그 시대에 타락한 성전을 청결하게 하였다. 디모데는 병약했지만, 깨끗한 믿음과 거짓이 없는 양심을 가지고 있었다. 즉 순수한 사람을 쓰신다는 것이다. 히스기야가 잘한 것은 바로 산당을 제거, 우상을 타파했다는 것이다.

북쪽 이스라엘이 왜 망했는지 아는가? 하나님께서 가장 싫어하시는 것이 우상숭배인데, 우상을 하나님보다 더 사랑했기 때문에 망하게 된 것이다. 하나님은 질투하시는 하나님이시다. 그런 하나님을 본 히스기야는 우상을 타파하고, 하나님만을 모시자고 외쳤다. 뿐만 아니라 히스기야는 5절에서 쉽게 볼 수 있듯이 하나님 여호와를 의지했다. 나아가 6절을 보니, 그는 여호와께 연합하여 그에게서 떠나지 않고 여호와께서 모세에게 명하신 계명을 지켰다. 여기서 '연합'을 주목해 볼 필요가 있다. 연합은 임재라고 생각할 수 있는데, 신앙생활은 주님과 연합하는 것을 말한다. 즉 히스기야는 주님의 임재 안에 거했다는 것이다.

"나는 포도나무요 너희는 가지라 그가 내 안에, 내가 그 안에 거하면 사람이 열매를 많이 맺나니 나를 떠나서는 너희가 아무 것도 할 수 없음이라"_요한복음 15:5

우리도 히스기야 왕처럼 주님과 연합하는 신앙생활을 해야 한다. 포도나무의 가지가 애쓰고 노력함 없이 그저 줄기에만 붙어 있으면 되듯이, 우리도 잘 하려고 애쓰지 않아도 그저 주님께 연합만 하면 뿌리로부터 나무로 올라오는 영양소를 그냥 공급받을 수 있는 것이다. 히스기야 왕이 가장 잘한 것이 바로 주님과 연합한 것이다. 즉 거리 유지, 속도 유지, 체온 유지가 잘 된 것이다. 가지가 줄기에서 떨어지면 죽으니까 '거리 유지'를 해야 한다. 우리가 성령보다, 기도보다, 말씀보다 앞서면 안 되니 '거리 유지'가 필요하다. 몸이 식어버리면 암이 생기니까 항상 이열치열 은혜 위에 은혜를 받아 성령 충만, 즉 '체온 유지'가 필요하다.

"여호와께서 그와 함께 하시매 그가 어디로 가든지 형통하였더라"_열왕기하 18:7

히스기야는 신앙의 컨디션을 잘 유지해, 결국 하나님께서 그와 함께하심으로 그가 어디로 가든지 형통했다고 성경은 기록한다. 이 말씀은 다윗 왕이 자신의 아들 솔로몬에게 한 말씀과 동일하다. 또한 하나님께서 여호수아를 부르실 때에도 동일하게 말씀하셨다.

"그 때에 네가 만일 여호와께서 모세를 통하여 이스라엘에게 명령하신 모든 규례와 법도를 삼가 행하면 형통하리니 강하고 담대하여 두려워하지 말고 놀라지 말지어다"_역대상 22:13

> "내가 네게 명령한 것이 아니냐 강하고 담대하라 두려워하지 말며 놀라지 말라 네가 어디로 가든지 네 하나님 여호와가 너와 함께 하느니라 하시니라"_여호수아 1:9

사람의 신앙 됨됨이가 뛰어나고, 마음의 중심이 남다르며, 거룩을 감당했어도 고난은 찾아온다. 열왕기하 18장 7절 하반절을 보니, "저가 앗수르 왕을 배반하고 섬기지 아니하였고"라고 말씀한다. 히스기야가 앗수르 왕을 섬기지 않고 한 하나님만 섬겼기 때문에, 앗수르는 히스기야를 칠 수밖에 없는 것이다. 신앙생활을 곱게, 순진하게 하고 싶어도 가지 많은 나무에 바람이 많듯이 고난은 찾아온다. 거룩하고 순결하게 살아갈수록 많은 핍박이 찾아온다. 착실하고 성실하게 신앙을 지켜갈수록 고난과 고통은 더욱 강하게 찾아온다. 왜? 우리의 거룩을 무너뜨려야 하기 때문이다.

🌿 거룩하고 순결할수록 핍박은 심하다

히스기야가 앗수르 왕을 배반하고 섬기지 않으니_열왕기하 18:7, 히스기야 왕 14년에 앗수르 왕 산헤립이 유다 모든 견고한 성읍을 쳐서 점령한다_열왕기하 18:13. 이는 예견된 일이라 할 수 있다. 이처럼 유다 왕 히스기야와 앗수르 왕 산헤립 간에 예견된 전쟁이 벌어진 것이다.

> "앗수르 왕이 다르단과 랍사리스와 랍사게로 하여금 대군을 거느리고 라기스에서부터 예루살렘으로 가서 히스기야 왕을 치게 하매"_열왕기하 18:17

나아가 열왕기하 18장 21절을 보니, 그들은 유다를 향해 상한 갈대 같은 저런 것을 의지하지 말라고 한다. 또한 26절 하반절을 보니, 유다 말로 랍사게가 공갈 협박을 한다. 그러니 유다 백성들은 다 죽을 지경인 것이다. 뿐만 아니라 31절에서 그들은 히스기야 왕의 말을 듣지 말고 앗수르 왕의 말을 들으라고 계속 강요한다. 그런데 이 말씀을 묵상하다 보면, 우리의 삶과 참으로 일맥상통하지 않는가? 사는 것이 난리고, 전쟁이다. 우리가 살아가는 세월이 산 넘어 산이고, 산 넘어 똥밭이며, 산 넘어 지뢰밭이다. 아무리 내가 평탄하게 살고 싶어도 이 세상은 전쟁이다. 그럴 때 당신은 어떻게 하는가? 히스기야의 행동을 보자.

"¹히스기야 왕이 듣고 그 옷을 찢고 굵은 베를 두르고 여호와의 전에 들어가서 ²왕궁의 책임자인 엘리야김과 서기관 셉나와 제사장 중 장로들에게 굵은 베를 둘려서 아모스의 아들 선지자 이사야에게로 보내매"_열왕기하 19:1~2

히스기야 왕은 듣고 옷을 찢고 굵은 베를 두르고 여호와의 전에 들어가서 왕궁의 책임자와 서기관 그리고 장로들에게 굵은 베를 둘려서 이사야 선지자에게 보낸다. 여기서 히스기야와 사울의 결정적인 차이가 드러나는 것이다. 어떤 차이? 어려움과 문제가 생길 때 히스기야는 여호와의 전으로 들어가 이사야 선지자에게 사람을 보냈지만, 사울은 하나님께 묻지도 않고 신접한 여인을 찾아갔던 것이다. 결국 하나님께서는 신접한 여인을 찾은 사울을 죽여버리셨다. 당신은 위기가 있을 때 어디를 가는가? 사람을 찾아가는가, 아니면 만민이 기도하는 성전에 들어가 금식을 선포하고 하나님의 종을 찾는가? 히스기야 선택의 결과는 다음과 같다.

"이 밤에 여호와의 사자가 나와서 앗수르 진영에서 군사 십팔만 오천 명을 친지라 아침에 일찍이 일어나 보니 다 송장이 되었더라"_열왕기하 19:35

히스기야는 전쟁 앞에 한 것이 아무것도 없다. 그저 하나님의 전에 들어가 그의 선지자를 찾았고, 기도만 했을 뿐이다. 그랬더니 하나님의 사자가 나타나 앗수르 진영의 18만 5천 명을 모조리 죽여버렸다. 이 사건을 계기로 막강한 앗수르 제국은 급속도로 망해간다. 나아가 앗수르 왕 산헤립이 고향으로 돌아가 앗수르 수도 니느웨에 있는데, 그가 신전에 들어갔을 때 아들 두 놈이 와서 아버지를 찔러 죽이게 된다. 그 막강한 앗수르의 제왕이 결국 아들에게 죽고, 다른 아들 에살핫돈이 대신하여 왕이 되는 변화 속에서 앗수르의 역사는 시들어갔다.

"그 때에 히스기야가 병들어 죽게 되매 아모스의 아들 선지자 이사야가 그에게 나아와서 그에게 이르되 여호와의 말씀이 너는 집을 정리하라 네가 죽고 살지 못하리라 하셨나이다" _열왕기하 20:1

호사다마라고 했던가! 금방 전쟁에서 대승을 해서 잔치가 벌어졌는데, 정작 히스기야의 몸은 이상했다. 죽을병에 걸린 것이다. 이사야 선지자는 히스기야에게 반드시 죽는다며 주변을 정리하라고 말한다. 그러나 히스기야는 어떻게 하는가?

> "²히스기야가 낯을 벽으로 향하고 여호와께 기도하여 이르되 ³여호와여 구하오니 내가 진실과 전심으로 주 앞에 행하며 주께서 보시기에 선하게 행한 것을 기억하옵소서 하고 히스기야가 심히 통곡하더라" _열왕기하 20:2~3

큰 축복을 받으면 큰 시련이 온다. 큰 성령의 역사가 있으면, 악령이 강하게 역사한다. 인생에 오르막이 있으면 반드시 내리막이 있다. 사업이 형통한가? 몸이 건강한가? 바로 그때가 문제이다. 오늘 히스기야의 눈물은 복잡하다. 대승의 기쁨과 죽음에 대한 절망이 뒤섞여 있는 눈물이요, 통곡이다. 당신은 어떨 때 교회에 나와서 통곡하며 기도하는가? 아마도 이 글을 읽는 독자 중에는 분명 히스기야와 같은 통곡을 해본 이가 있을 것이라 생각된다. 서럽기도 하고 답답하기도 하며, 승리의 기쁨도 잠시고 그냥 눈물과 콧물이 쏟아지는 때, 교회에 나왔는데 그저 가슴이 먹먹해지는 때를 경험했는가! 우리 기도의 응답은 이때 온전히 이뤄진다.

우리의 인생도 한 번뿐이며, 생각보다 짧은 세월을 살아간다. 히스기야처럼 주님 앞에 감사를 회복하고 은혜를 감당하며, 겸손하고 멋진 인생을 살아가는 우리가 되길 소망한다.

한날의 괴로움은
그 날로 족하니

3

감사, 지름길

우리는 하나님께로부터 상상할 수 없는, 인간의 유한함으로는 도저히 할 수 없는 큰 사랑을 받았다. 우리는 그 큰 사랑에 감사하며 살아갈 뿐이다. 그리고 그 감사는 곧 하나님께서 모든 상황과 환경을 뛰어넘을 수 있는 힘과 능력으로 허락해 주실 것이다.

사라가 이르되
하나님이 나를 웃게 하시니
듣는 자가 다 나와 함께 웃으리로다

창세기 21:6

알고 싶다 시리즈

당연하게 알고 있던 것,
오해하고 있는 것들을 다시 조망한다

교회가 알고 싶다
송태근 지음 | 128쪽 | 7,000원

복음서와 사도행전을 통해 '하나님의 교회 설계도'를 밝히고, 초대 교회를 향한 바울 서신을 통해 '교회의 본질'을 파헤친다.

십일조가 알고 싶다
윤상원 지음 | 160쪽 | 7,800원

모세율법의 십일조는 신약시대의 그리스도인에게 교회가 '어떻게 사용할 것인가'로 접근해야 한다. 신약 교회 헌금의 공공적 성격을 명확하게 밝혀보자.

요셉이 알고 싶다
노진준 지음 | 136쪽 | 7,000원

왜 요셉에 관해 오해하게 되었는가? 하나님께서 아브라함과 하셨던 구원의 언약이 요셉을 통해서 어떻게 이뤄졌는가를 구속사적 관점으로 배워보자.

부활이 알고 싶다
이상훈 지음 | 184쪽 | 7,800원

부활은 우리가 믿는 기독교의 핵심이자 뿌리이다. 뿌리 없는 나무는 죽은 나무이듯 부활 없는 기독교, 부활 없는 그리스도인은 가짜이다.

삼위일체가 알고 싶다
박재은 지음 | 208쪽 | 8,200원

이 책을 통해 삼위일체 교리를 대하는 바른 자세, 바른 성경적·신조적·용어적·교리적 관점 등을 명확하게 인지하여 신앙의 무지로부터 탈출해 보라.

※ 〈알고 싶다 시리즈〉는 계속됩니다.

웃음을 잃지 마라

한번은 어떤 장로님을 만난 적이 있다. 그 장로님은 나에게 "목사님, 저는 휴대폰 마지막 번호 4자리가 '2625'입니다"라고 말했다. 그래서 내가 그 이유를 물어보니, 창세기 26장 25절에서 이삭이 거기서도 우물을 팠다는 것이다. 즉 장로님은 평생 사업을 하시면서 이 말씀을 붙들고 살아가시는 것이었다.

"이삭이 그 곳에 제단을 쌓고, 여호와의 이름을 부르며 거기 장막을 쳤더니 이삭의 종들이 거기서도 우물을 팠더라"_창세기 26장 25절

본문의 말씀은 이삭이라는 한 사람의 이야기이다. 성경에 이삭이라는 사람은 연구 대상이다. 왜? 좀 독특한 삶을 살아간 사람이기 때문이다.

🌿 이삭은 우리와 같은 '끼인 세대'다

이삭이라는 사람을 나는 '끼인 사람'이라고 소개하고 싶다. 아버지 아브라함처럼 그는 위대한 개척 정신을 가지고 나가지 못한다. 그렇다고 그는 자신의 아들 야곱과 같이 욕심과 야망도 많지 않다. 그래서인지 성경은 늘 그를 단독으로 소개하거나, 아브라함과 야곱 사이에 끼워 도매 급으로 연결해 이삭을 소개한다. '아브라함과 이삭과 야곱의 하나님'과 같이 말이다. 이는 무려 성경의 30곳에 등장한다. 이삭은 아버지처럼 용맹한 사람도 아니고, 그의 아들처럼 열심이 특심인 사람도 아니다. 결혼도 자신이 주도적으로 하지 못해, 결국 늙은 종 엘리에셀이 가서 색싯감을 구해온다.

이삭을 보면, 매사에 위대하고 인상적인 인물이 아니다. 그냥 아버지와 아들 사이에 낀 사람일 뿐이다. 그런데 요즘에도 이런 특징이 불확실한 실체들이 있다. 바로 요즘 청년들이다. 그들은 자신의 전공과 직장이 별개다. 그래서 자신이 지금 다니는 직장을 '평생직장'이라고도 말을 못한다. 이직률은 높은데, 취업은 쉽지 않다. 이처럼 현대인의 특징은 주거 환경이, 일이 너무나 불확실하다. 매사가 너무나 유동적이라서 격동의 세월을 살아간다고 봐야 한다. 창세기 26장만 봐도 당시 이삭은 우리와 같은 모습이다. 격동의 세월을 살아간다. 이삭이 사는 그 땅은 젖과 꿀이 흐르는 언약의 땅이 아닌 흉년이 든 그런 상황이다.

"아브라함 때에 첫 흉년이 들었더니 그 땅에 또 흉년이 들매 이삭이 그랄로 가서 블레셋 왕 아비멜렉에게 이르렀더니" _창세기 26:1

첫 흉년이 들고 그 땅에 또 흉년이 들자 그 땅은 더 이상 살 수 있는 안전지대가 아니었다. 그래서 이삭은 보따리를 싸들고 그랄로 가는데, 그랄은 블레셋 땅이었다. 팔레스타인 적진 한복판에 가서 농사짓는데, 그곳에서도 농사가 안 되는 것이다. 유목민인 유대인들은 농사를 짓고 동물을 기르려면 물이 있어야 하는데, 우물을 팠다 하면 늘 빼앗기는 것이다. 창세기 26장에서만 무려 6번

밀려난다. 우물을 팠다가 쫓겨나고, 우물을 팠다가 또 쫓겨나는 것이다. 이삭은 힘도 없고 박력도 없으며 책임감도 없다. 그의 일생을 보면 도무지 안정감이라는 게 없이 그저 떠돌아다닌다. 유랑하는 나그네가 되어 말이다. 한심해 보인다.

성경을 보면, 이는 단연 이삭만이 아니다. 엘리야를 보라. 엘리야 당시 큰 가뭄이 드니까 하나님께서는 엘리야를 그릿 시냇가에 처박아두고 강물을 '쪽쪽' 빨아먹게 하신다. 그것도 결국 말라 빠지니까 하나님께서는 까마귀를 통해 음식을 제공하신다. 그러다가 결국 사르밧 과부의 집으로 보내신다. 이처럼 성경을 보면 하나님께서는 자신의 사람들을 아슬아슬하고 위태하게 인도하신다. 지금 이삭이라는 사람도 도무지 안전지대 없이 계속 위기를 피해 떠돌아다니는 것이다. 이런 삶을 살아가니 이삭은 끼인 세대인 것이다. 마치 나처럼 말이다. 농경 시대의 사람도 아닌, 그렇다고 요즘 아이들처럼 SNS를 잘하는 세대도 아닌 이도 저도 아닌 세대 말이다.

건강과 사업이 모두 불확실한 시대, 심히 유동적이며 격동의 시대를 살아가듯 이삭이란 사람이 바로 성경에서 그런 사람이다.

아버지 아브라함에게 비하면 별거 아니고, 아들 야곱에게도 좀 비교가 안 되는 그런 애매한 세대가 바로 이삭이다.

🌿 이삭은 다투지 아니한 사람이다

> "이삭이 거기서 옮겨 다른 우물을 팠더니 그들이 다투지 아니하였으므로 그 이름을 르호봇이라 하여 이르되 이제는 여호와께서 우리를 위하여 넓게 하셨으니 이 땅에서 우리가 번성하리로다 하였더라"_창세기 26:22

이삭은 다투지 아니한 사람이다. 그가 다투지 아니했다는 것은, 인격이 훌륭해서 항상 원만하게 살아갔다는 것이 아니다. 이삭은 싸울 힘도 없고, 싸워서 한 번도 이겨본 적도 없으며, 싸울 감이 안 되는 사람이다. 즉 이삭은 태생적으로 약골이었다. 아버지가 100세에, 어머니가 91세에 낳았으니 생각해보라. 그의 건강이 어떠했겠으며 그를 얼마나 건강하게 키울 수 있었겠는가! 그는 태생적으로 허약하게 태어났을 뿐만 아니라 성경에 나오는 이삭에 대한 말씀들을 보면 도무지 한심한 사람이다. 창세기 21장 9절을 보니, 이삭은 배다른 형제 이스마엘에게 늘 두들겨 맞았다. 이스마엘의 희롱을 당하고 노리갯감이었던 삶이다.

> "사라가 본즉 아브라함의 아들 애굽 여인 하갈의 아들이 이삭을 놀리는지라"_창세기 21:9

이뿐만이 아니다. 그는 창세기 26장에서만 무려 6번이나 우물을 파놓고도 밀린다. 15절, 18절, 20절, 21절, 22절, 25절에 나온 것처럼 이삭은 우물을 파고 또 팠다. 이 말인즉슨 이삭이 살림살이를 잘한 게 아닌 계속 쫓겨나, 살림을 서울에서 대전으로 옮기고 대전에서 대구로 옮기며 계속 밀리고 밀리는 삶을 살았다는 것이다. '르호봇'의 복이 무엇인가? 지경을 넓힌다는 것인데, 그는 사실 스스로 지경을 넓혀간 게 아니다. 계속 뺏겨 물러나 내 것도 아닌 네 것도 아닌 상황인 것이다. 하나님께서는 이삭으로 하여금 이처럼 독특한 삶을 살아가게 하셨다. 인격이 훌륭해서가 아닌 그저 갈등을 피해 다닌 것이다.

이삭은 결코 우리가 생각하는 훌륭한 사람이 아니다. 인격이 대단한 사람도 아니고, 도무지 사람 구실이 안 되는 허약해빠진 사람이다. 그런데 나는 이 부분이 우리에겐 축복이 되는 말씀이다. 우리가 왜 힘든가? 사람 때문에 힘들다. 사람을 만날 때 고통이 오는 것이다. 그래서 우리는 사람을 만나지만, 그 사람 때문에 만정이 떨어지기도 하지 않는가! 고통의 근원, 상처의 근원은 보통 사람 때문이다. 우리는 이삭을 보면서 사도 바울의 고백을 떠올려 본다. 내가 약할 때 강해지며, 약한 것을 자랑한다고 하지 않았는가! 왜 그런가? 약할 때 하나님께서는 우리의 편이 되어 주시기 때문이다.

이삭이 워낙 약해빠졌기 때문에 하나님은 돕는 배필로 모든 면제 탁월한 리브가를 붙여주셨다. 이삭은 아무런 일을 못하기 때문에, 허약해빠졌기 때문에 하나님께서는 그냥 복을 주시는 게 아닌 백 배의 복을 그에게 주셨다. 왜? 대충 복을 주었다가는 빚잔치가 안 되기 때문에 백 배로다가 복을 주신 것이다. 뿐만 아니라 그냥 졸지도 주무시지도 않고 지켜주셨다. 왜? 하나님께서 깜박 조는 순간 이삭이 죽어버릴까 싶어서 눈을 뗄 수 없을 정도의 약해빠진 사람이기 때문이다. 하나님께서는 약한 정도가 아닌 약해빠진 이삭을 그렇게 지켜주셨다. 마찬가지다. 우리가 약해빠질 때 하나님께서는 우리의 보디가드가 되어주시는 것이다.

🌿 이삭의 연약함은 평강의 조건이다

 이삭은 단 한 번도 강한 적이 없었다. 아니, 강해질 수 없다고 해야 맞는 말일 것이다. 그런데 그의 허약함은 오히려 평강의 조건이 되었다. 우리는 가끔 "저 인간 차마 눈 뜨고 못 보겠다"라고 말한다. 그러나 남들이 뭐라고 하든, 죽이네 살리네 해도 다 소용없는 것이다. 이삭은 매가리도 없고 박력도 없는 사람이지만, 하나님께서 눈동자같이 지켜주신다. 하나님께서 다 책임져주시니 가만있어도 탁월한 돕는 배필을 붙여주시고 얼마나 좋은가! 사랑받고 축복받으며 살아가는 게 낫지, 내가 다 해결하는 게 뭐가 낫겠는가! 우리의 인간관계가 내 마음대로 안 될 때 속은 좀 상하지만, 그냥 놔두는 게 상책이다. 마음을 비우라.

 그런데 이삭에겐 장점이 하나 있다. 그건 바로 '순종'이다. 왜? 그는 아버지한테 이끌려 모리아 산에 올랐다. 그리고 그는 아버지의 의해 번제로 활활 탈 뻔했다. 그럼에도 그는 순종했다. 그는 죽음의 문턱까지 다녀온 사람이기에 살아가면서 그 어떤 고난과 고통이 찾아와도 사실상 눈 깜짝하지 않을 담대함이 있었다. 그래서인지 이삭에 대해 많은 학자들이 온유한 사람으로 평가한다. 그러나 그는 온유한 게 아닌 힘도 없고 박력도 없으며 끈기도 없는 그냥 천하에 힘이 없는 사람이다. 싸워본 적이 없으니까, 다투어 이겨본 적이 없기에 그는 아예 다툴 생각도 안 하고 양보하며 빼앗긴 것이다.

또한 이삭은 몸도 약해 마누라 한 명도 잘 건사하지 못했다. 뿐만 아니라 아들 에서와 야곱도 제대로 건사하지 못한 사람이다. 그는 큰 아들 에서를 좋아해 별미를 만들어 오면 축복을 해 주겠다며, 먹는 것을 탐하고 분별력도 흐린 사람이었다. 그러나 그는 본문의 말씀처럼 제단을 쌓고 여호와의 이름을 불렀다. 교회도 없고, 성전도 없으며, 성막도 없던 시대에 돌멩이를 쌓아놓고 그곳에서 예배를 드렸다는 말이다. 사람을 상대하여 재미를 본 적이 단 한 번도 없는 사람이니, 어디 가서 사랑과 존경을 받아본 적이 없으니까 그는 세상사에서 일찍 철이 들어 사람을 상대하지 않고 하나님을 상대한 것이다. 예배에 목숨을 건 것이다.

우리도 이삭과 같아야 한다. 사람을 상대로 세상사에 이러쿵저러쿵하며 휩쓸릴 것이 아닌, 예배에 은혜를 받아야 하는 것이다. 설교에 은혜가 안 되면 찬양에 은혜를 받고, 찬양에 은혜가 안 되면 봉사하면서 은혜를 받고, 그것도 안 되면 혼자 통성으로 기도하다가 은혜를 받으면 된다. 내가 가는 곳마다 사람한테 실망하고 상처받는 것이 아닌 돌 제단을 쌓고 여호와의 이름을 부르라는 말이다. 우리 교회는 1시간 반, 왕복 3시간씩 걸려서 예배 오는 분들이 있다. 그런데 그분들은 오히려 가까이에 있는 분들보다 피로감을 안 느끼신다. 왜? 그분들은 예배를 소풍 오는 마음으로 설레며 오기 때문이다.

이스라엘 사람들에게 우물은 그냥 파는 게 아닌 가문의 영광이다. 왜냐하면 그곳을 우리나라처럼 금수강산에 물이 철철 흘러 넘치는 나라가 아니기 때문이다. 기후가 건조한 사막이다. 유목민은 물이 많이 필요하지만, 오아시스를 찾기가 힘든 그런 척박한 사막 땅이기에 우물을 파는 것이다. 오늘날로 따지면 사실상 이삭이 우물을 팔 때에는 억대의 비용이 드는 것과 같다. 뿐만 아니라 그 억대를 들여도 모래만 쏟아지고 수맥 자체가 없어 평생 우물을 하나 팔까 말까 하는 여건이다. 때문에 우물은 그들에겐 가문의 영광이요, 축복인 것이다. 그러나 그는 6번이나 밀렸어도 또 다시 우물을 팠다.

뿐만 아니라 이 우물은 이스라엘 백성들에게는 만남의 장소였다. 모세는 우물가에서 부인을 만나고 장인어른을 만난다. 야곱도 우물가에서 라헬을 만나고, 이삭도 그의 부인 리브가를 이삭의 늙은 종이 우물가에서 면접을 보았다. 신약은 어떠한가? 예수님께서도 수가성 우물가에서 사마리아 여인에게 생명수에 대한 말씀을 하시지 않았는가! 성경의 우물은 이스라엘 백성들에게는 삶의 터전이자, 특별한 만남의 장소였고 뉴스 센터와 같은 소통의 공간이었다. 또한 이 우물은 우리나라의 우물과 같은 조그만 우물이 아니다. 야곱의 우물은 깊이가 23m나 되는 엄청난 깊이의 우물이었다. 이런 우물을 이삭은 파놓으면 홀라당 빼앗기고, 또 우물을 파면 쫓겨나기 일쑤였다. 이삭은 크게 대단한 것은 없는 듯하지만, 포기하지 않는 근성은 엄청나다. 그래서인지 그는 싸움과 분쟁 없이도 지경을 넓혀갔다.

🌿 이삭은 다른 사람을 웃게 한다

이삭이란 이름의 뜻은 잘 아는 것처럼, '웃는다'라는 뜻이다. 하나님께서 아브라함과 사라에게 언약의 자녀를 주신다고 했을 때, 그들의 나이는 각각 100세와 90세였다. 90세의 사라에게서 아들이 나온다니, 사라 입장에서는 '피식' 하고 웃음이 날 수밖에 없었다. 그러나 천지만물을 창조하신 하나님께서는 그들에게 정말로 아들을 주셨고, 그 아들은 '이삭'이라는 이름을 갖게 되었다.

> "사라가 이르되 하나님이 나를 웃게 하시니 듣는 자가 다 나와 함께 웃으리로다"_창세기 21:6

서울 소재의 이삭교회에 집회를 간 적이 있다. 그때 내가 "포도원교회처럼 이름이 고상해야지, 보리 싹 떨어진 이삭이 뭔가?" 하고 질문을 한 적이 있다. 그랬더니 성경의 이삭의 이름 뜻처럼 남들을 미소 짓게 하는, 남들을 웃게 만드는 교회가 되기 위해 그렇게 지었다고 설명해 주었다. 그리고 그 교회는 지역 사회 주민들을 웃게 만드는 행복한 교회로 사역하고 있다고 말씀하셨다.

우리가 성경을 보면, 하나님께서 한 시대에 쓰신 사람들은 대부분 아슬아슬 위태위태 조마조마하게 인도하시는 것을 쉽게 볼 수 있다. 그러나 하나님의 물레방아는 천천히 돌아간다는 말이 있듯, 그 아슬하고 위태하며 조마조마한 상황 가운데서도 그분의 섭리를 반드시 이루어 가신다. 아브라함은 75세에 언약을 받았다. 그리고 무려 25년 만에 응답을 받았다. 우리를 향한 하나님의 손길은 느린 것 같지만, 그렇다고 우리의 상황과 환경에 침묵하시진 않는다.

하나님께서는 반드시 역사를 이루어 주신다. 그러나 대부분의 사람들은 그 세월 동안 자신의 감정과 혈기에 빠져 결국 하나님께서 이루실 그 큰 역사를 보지 못한다. 우리는 이삭처럼 힘을 빼고 주님이 이루어 가시도록 모든 것을 내어 드려야 한다. 부도가 나고 쪽박을 차도 결코 포기하지 않으시는 하나님만 의지하자. 그리고 어떤 상황에서도 웃음을 잃지 말자. 주님이 주신 축복권을 붙잡고, 주님의 제단 앞에서 여호와의 이름을 부르는 승리의 자녀가 되길 소망한다.

하나님께서 지으신 모든 것이 선하매
감사함으로 받으면 버릴 것이 없나니
하나님의 말씀과 기도로 거룩하여짐이라

디모데전서 4:4~5

감사, 모든 것을
뛰어넘는 능력이다

앞서 본 이삭과 같이 다니엘도 보면, 참 독특한 스타일의 사람이다. 우리가 연구해볼 만한 사람이다. 그는 독특한 기도 습관을 가지고 있었는데, 그날도 다른 때와 같이 어김없이 습관적이고 체질적으로 기도를 하고 있었다. 그리고 기도가 끝나자마자 응답을 받은 것이 아닌, 체포가 되어 사자 굴에 던져졌다. 그런데 본문을 보니, 그는 이미 자신의 행동에 대한 결말을 알고 있었다. 그럼에도 그는 늘 하던 대로 하나님께 기도를 했던 것이다.

"다니엘이 이 조서에 왕의 도장이 찍힌 것을 알고도 자기 집에 돌아가서는 윗방에 올라가 예루살렘으로 향한 창문을 열고 전에 하던 대로 하루 세 번씩 무릎을 꿇고 기도하며 그의 하나님께 감사하였더라"_다니엘 6:10

다니엘이 재미있는 건, 그의 삶은 '기-승-전-감사'의 삶이었다. 풀무불과 사자 굴에 던져져도 결국 감사의 기도로 삶을 살았던 사람이다. 그래서인지 그는 당대에 크게 쓰임받는 인물이었다. 다니엘과 같이 성공하고 싶은가? 그렇다면 실패를 하지 마라. 그게 성공하는 사람들의 특징이다. 다음의 실패하는 사람들의 열 가지 특징을 보고, 공감만 히 는 것이 아닌 어떻게 하면 성공할 수 있을지 나름대로의 계획을 가져보라.

실패하는 사람들의 열 가지 특징

첫째, 부정적이다. 실패하는 사람들은 매사가 삐딱하고 까칠하며 부정적이다. 생각이 삐딱하니, 하는 짓도 까칠하다. 부정적인 사람이니까 삶이 늘 부정적으로 흘러간다. 말도 부정적으로 하고, 행동도 바르게 하지 않는다.

둘째, 옷을 잘 못 입는다. 옷을 잘 못 입는다는 것은 그만큼 눈치와 센스 기능이 떨어진다는 것이다. 또한 남들 앞에 결례가 되고 안 되고를 모를 만큼 분별력이 떨어지는 사람이다. 사람이 정신이 나가면, 혼이 빠지면 패션이 이상해진다. 여름에 겨울옷을 입고, 이상한 보따리 하나 안고 다니며, 머리에 꽃 하나 꽂고 다니는 분들을 본 적이 있을 것이다. 그만큼 옷을 잘 못 입는다는 건 센스 기능이 떨어지고 사람 관계에 눈치가 없다는 말이다.

셋째, 친구 관계가 소홀하다. 친구가 동업자가 되고 사돈이 되며, 결국은 이 모든 것이 관계에서 비롯된다. 그런데 그 인간관계가 불편하면, 결국에는 만남의 축복을 누리기가 어려워진다.

넷째, 사소한 데 목숨을 건다. 말 한마디에 흥분하고, 돈 한 푼 때문에 죽고 산다. 사소한 것에 목숨을 거니 대의명분이 약하고, 통큰 대인하고는 거리가 먼 사람이 될 수밖에 없다.

다섯째, 원망과 평계와 변명이 많다. 인생을 주도적으로 살아가지 못하고, 맨날 비주류같이 뒤에서 궁시렁 거리며, 사돈 남 말 하듯이 한다. 원망과 평계와 변명이 많은 사람은 인생을 책임감

있게 주도적으로 살아가지 못하는 비주류 같은 인생이 되기에 주류가 되고 일류가 되기엔 부족하다.

여섯째, 정확한 목표가 없다. 목표가 없이 그냥 되는 대로 살아가다 보니까 문제가 생기는 것이다. 사람은 목표가 있어야 한다. 다니엘이 잘한 것은 선명한 뜻을 정한 것이다. 또 요셉은 생생한 꿈을 꾸었고, 사도 바울은 로마도 보아야 되리라는 원대한 계획을 세웠으며, 다윗은 내 마음을 확정하고 확정했다는 것이다. 뜻이 명확하고 선명해야 되는데, 실패자들은 명확하고 선명한 뜻이 없으니 늘 문제가 되는 것이다.

일곱째, 과거에 집착한다. 늘 과거에 잘못된 것 때문에 그것을 신령과 진정으로 묵상하다가 약간 우울증이 오고, 과거 트라우마를 곱씹으면서 사는 사람들은 결국 실패에 이른다. 왜? 과거에 집착한 나머지 계속 그 과거를 곱씹으며 살기 때문이다.

여덟째, 쉽고 편한 길로 가려고 한다. 개척정신, 도전정신이 전혀 없다. 늘 편리주의로 살다 보니, 점점 나약해지는 것이다. 사람의 근육이 약해진다는 것이다.

아홉째, 의사소통 능력이 없다. 말이 안 통하는 것이다. 상대와 대화가 안 되기 때문에 참지 못해 화를 내게 된다. 결국 실패하는 인생이 된다.

열 번째, 매사에 의욕이 없고 무기력하다. 하나님은 건강을 주시기 전에 입맛을 주신다. 마찬가지로, 일을 열심히 하는 사람은 일 욕심이 있고, 일 욕심이 많은 것은 복이 된다. 매사에 의욕이 없고 무기력함에 빠져 있는 사람은 실패하게 된다.

최악에서 최상의 상황으로

실패하는 사람들의 열 가지 특징은 우리 속에서도 쉽게 발견할 수 있다. 그런데 다니엘은 이 열 가지하고는 거의 반대로 보면 되는 사람이다. **다니엘은 내가 봤을 때 최악의 상황에서 최상을 살아간 사람이다.** 나라가 쫄딱 망하고 예루살렘 성전이 홀딱 불타서 집이 풍비박산이 났는데, 부모님이 살아 계신지 돌아가셨는지 알지도 못 하는 상황에서 포로가 되어 바벨론으로 끌려가 이국만리 남의 나라에서 포로로 살아갔다.

만약 당신이 다니엘과 같은 상황이라면 어떠했겠는가? 그러나 다니엘은 그런 환경 속에서도 전혀 흔들리지 않았다. 그랬더니 결국 그런 기막힌 상황과 환경 속에서도 그는 총리가 되었다. 환경에 위축되지 않고 최악에서 최상으로 살아간 것이다. 사실 어찌 보면 다니엘은 '긍정 중독'이라 생각해도 과하지 않을 것 같다. 결국 그는 매일 그가 하던 대로 하루에 세 번씩 기도를 했다. 그리고 그 응답은 사자 굴 행이었다.

중독이란 말은 사실 그리 좋은 의미의 말은 아니다. 하지만 좋은 것에 중독된 사람은 그게 체질로 자연스럽게 흘러 엄청난 결과를 가지고 오는 것 같다. 다니엘은 긍정 중독, 기도 중독자였다. 사실 기도를 했다고 모두 응답되고, 무엇이든 잘 풀리진 않는다. 오히려 기막힌 현실이 찾아오기도 한다. 본문의 다니엘이 그렇다. 기도가 끝나자 체포되었고, 감옥에 들어가야 될 그런 상황이었다. 그러나 그는 그런 상황에서도 무조건 감사하였다.

이것이 다니엘의 힘이라고 나는 생각한다. 우리가 가끔은 '저 사람은 뭐가 저리 행복할까? 저 사람을 볼 때 행복한 것이 아무것도 없는데, 무슨 신바람이 나서 저럴까?'라고 생각하는 사람들이 있다. 그런데 그런 사람이 성공한다. 성공할 수밖에 없는 마음가짐과 그릇이 된 사람이다. 요즘 국내외 정세를 보라. 정치·경제·사회, 어느 것 하나 혼란스럽지 않은 게 있는가? 당신이라면 이럴 때 감사가 나오냐는 말이다.

당신은 수영 황제 마이클 펠프스Michael Phelps를 아는가? 그는 사실 중간에 마약을 하고 폐인 같은 생활을 했었다고 한다. 그렇게 뜻도 없이, 꿈도 없이, 방향 없이 살아가다가 어느 날 릭 워렌 목사님의 책 『목적이 이끄는 삶』을 읽었다고 한다. 그리고는 '하나님의 영광을 위해 내가 한번 해보자!'라고 목표를 세운 후에 오늘날의 수영 황제가 되었다고 한다. 얼마나 대단한 사람인가!

우리 교회가 10여 년 넘는 시간 동안 찾아가 추수감사절 예배를 함께 드리고 오는 곳이 있다. 바로 〈베데스다〉라고 하는 곳인데, 그곳의 원장님께서 하셨던 말씀이 있다. "목사님, 저는 여자지만 아주 담대합니다." 즉 이 세상을 살아갈 때 담대하게 살아가신다는 말씀이었다. 여기서 '담대'膽大라는 것은 쓸개 담膽자와 큰 대大자를 써서, 겁이 없이 용기가 많다는 말이다. 즉 약간 간이 부었다고나 할까?

우리 교회는 덕천성전과 화명성전, 그리고 드림센터가 있는데 내가 드림센터 오고 나서 받은 제일 큰 복은 하나님께서 간을 키워주셨다는 것이다. 덕천에서 꿈도 못 꾸었던 일들이 화명에서 일어나고, 화명에서 생각지도 못 한 일들이 드림에서 일어났다. 그런데 하나님께서 간을 키워주시니까 웬만한 일에서는 눈 하나 깜짝도 안 하게 되더란 말이다. 덕천에서는 100명대, 화명에서는 1500명대, 드림에서는 1만 명대를 허락하셨다.

하나님께서 간을 키워주시면 감당 못할 일이 없다. 하나님께서 여호수아를 쓰실 때 '마음을 강하고 담대히 하라'고 세팅해 주신 다음 일을 맡기셨다. 왜? 심장이 약하면 일이 안 되니까 말이다. 앞서 말한, 베데스다 원장님께서도 고령이시지만 100명이 못할 일을 여자의 몸으로 혼자 감당해내시는 것이다. 왜? 담대함이 있기 때문이다. 하나님께서는 일을 맡기실 때, 그에 합당한 힘과 능력을 주신다. 담대함을 심어주시는 것이다.

베다니의 나사로의 소식을 들은 예수님께서 뭐라고 하셨는가? "이 병은 죽을 병이 아니다"라고 하시지 않았는가? 즉, 이 병이 심각하기는 하지만 내가 이 병을 이기리라고 말씀하신 것이다.

암에 걸렸어도 마음이 담대한 사람은 암을 이긴다. 그런데 우리가 겁을 잔뜩 먹으면 암이 사람을 이기는 법이다. **우리도 예수님처럼 매사 모든 일에, 모든 병에 담대함을 가져야 한다.** 그러면 주님께서 모든 것들을 능히 감당하고 물리칠 힘을 주신다.

부산의 전설적인 인물, 장승만 목사님을 잘 알 것이다. 그분은 중 2때 아버지가 돌아가셨다. 참으로 가난하고 어려운 형편에서 지내셨는데, 이 가정의 모든 가족은 무슨 일만 있으면 '빌4:13'^{빌립보서4:13}을 외치며 살았다. 그러니 가난과 병마가 찾아와도, 고난과 시련이 찾아와도 "내게 능력 주시는 자 안에서 내가 모든 것을 할 수 있느니라"로 극복해 나갈 수 있더란 것이다. 그리고 미국에서 지원 받은 500만 원으로 지금의 기적을 만들어내신 것이다.

🌿 그럼에도 불구하고 '사랑, 감사'

예수님께서는 가룟 유다가 자신을 배반할 것이라는 사실을 뻔히 알면서도, 그 배신자를 데리고 다니셨다. 그리고 한 치의 차별도 없이 다른 제자들과 동일하게 발을 씻겨 주셨다. 이것은 무엇을 의미하는가? '사랑'이다. 그런데 생각보다 이 '사랑'은 어렵다. 왜냐하면 우리는 모든 것이 'give and take'기 때문이다. 한 대 맞으면 두 대를 때려야 직성이 풀린다. 때문에 우리는 예수님의 사랑을 이해할 수도, 상상할 수도 없는 것이다.

돌아온 탕자, 호세아 선지자의 아내 등 우리가 수없이 성경에서 듣고 보는 이야기가 무엇인가? 하나님 아버지가 우리에 대한 사랑을 보고 들으며 배우는 것 아닌가? 알고도 속아주시고, 기다려 주시며, 때가 되어 스스로 깨우치기 전까지 우리 주님은 기다려 주신다. 주님 앞에 돌이킬 때까지 사랑으로 기다리시며 기회를 주시는 것이다. 그런데도 우리는 여전히 잘났다고 뻗대며 하나님 앞에 이런저런 핑계를 늘어놓는다.

나는 어머니와 크게 싸웠던 기억이 있다. 한 번은 어머니께서 세브란스 병원에 입원을 하셨다. 그런데 통증이 심하니까 밤새 끙끙 앓으셨단다. 그래서 주변 환자들이 어머니 앓는 소리에 잠을 못 이루니, 간호사들이 진통제를 놓아드리고자 했다. 그런데 어머니는 어디서 잘못된 의학 정보를 들으셨는지, 진통제를 맞으면 다음 날 마취를 못한다는 소리를 듣고 끝까지 버티셨다고 한다. 결국 간호사들이 처치실 한편으로 옮겨 밤새 다른 환자들과 격리시켜 놓았다.

다음 날, 간병인이 전화가 왔다. 태어나서 이런 할머니는 처음 본다며, 간호를 못하겠다고 했다. 그래서 나는 어머니에게 전화해서, 진통제를 맞아도 아무 이상 없다며 설명하고 또 설명했지만 도통 들으시질 않았다. 그래서 나는 협박조로 어머니께 "진통제 맞고 주무실래요, 아니면 고향 집에 가서 돌아가실래요?"라고 말했다. 어머니는 다음 날 수술을 잘 마치시고 퇴원하셨다. 그런데 생각해보라. 만약 수술이 잘못되어 돌아가셨다면, 나의 말이 얼마나 사무쳤겠는가!

퇴원하고 고향에 돌아오신 어머니를 밤중에 찾아갔다. 그랬더니 그 밤중에도 아들이 온다며 따끈한 밥을 지어서 준비해 놓으신 것이다. 아들이 성질을 못 참아 독설을 퍼부어도 어머니께서는 그저 아들 걱정뿐이다. 한마디로, 어머니는 '사랑'이다. 우리는 살아가면서 일 때문에 힘든 게 아니다. 항상 사람 때문에 힘들다. 그런데 상대방에게 사랑을 준 경험이 있는가? **사람에게 사랑을 주면 그 사람은 변하기 마련이다.** 주님이 우리에게 하신 것처럼!

아무리 세상이 어려울지라도 난세에 영웅이 나는 것이고, 밤하늘이 어두울수록 샛별이 더욱 반짝거리는 것이다. 히스기야 왕은 저주를 받았어도 '잘됐다. 내가 아무리 생각해도 내가 살아생전에 전쟁에서도 이겼고, 죽을 병에서도 살아났으며, 내 백성들이 이렇게 태평성대를 누렸으니 참 잘되었다'라며 감사하지 않았는가? 뿐만 아니라 이삭은 어떠한가? 우물을 파고 빼앗기고 또 옮겨서 우물을 팠어도 그는 돌멩이 제단을 쌓아 하나님께 감사하지 않았는가!

추수감사절은 어떻게 생겨났는가? 종교의 자유를 찾아 신대륙으로 건너간 청교도들이 추위와 배고픔에 시달리면서도 하나님께 일곱 가지 감사를 드린 것에서 유래하지 않았던가! 첫째, 작은 배라도 주셨으니 그것을 타고 대서양을 건너게 되니 감사하다. 둘째, 117일간 계속 항해할 수 있었으니 감사하다. 셋째, 두 사람이 항해 중에 죽었지만 어린아이가 태어났으니 감사하다. 넷째, 닻이 부러졌으나 파산되지 않았으니 감사하다. 다섯째, 파도에 휩쓸린 사람들을 구출하였으니 감사하다. 여섯째, 호의적인 원주민을 만나 상륙 지점을 잘 찾았으니 감사하다. 일곱째, 한 명도 다시 영국으로 돌아가자는 사람이 없으니 감사하다.

> "⁴하나님께서 지으신 모든 것이 선하매 감사함으로 받으면 버릴 것이 없나니 ⁵하나님의 말씀과 기도로 거룩하여짐이라"_디모데전서 4:4~5

우리는 하나님께로부터 상상할 수 없는, 인간의 유한함으로는 도저히 할 수 없는 큰 사랑을 받았다. 우리는 그 큰 사랑에 감사하며 살아갈 뿐이다. 감사함으로 받으면 버릴 것이 하나도 없듯이, 감사가 입과 몸에 배이면 우리는 어떤 상황과 환경 가운데서도 감사하게 될 것이다. 그리고 그 감사는 곧 하나님께서 그 상황과 환경을 뛰어넘을 수 있는 힘과 능력으로 허락해주실 것이다. 감사하자! 감사가 곧 인생의 고난과 험난한 산을 뛰어넘는 지름길이다.

누가 주의 이 많은 백성을
재판할 수 있사오리이까 듣는 마음을
종에게 주사 주의 백성을 재판하여
선악을 분별하게 하옵소서

열왕기상 3:9

하나님 마음에
합한 사람이 되라

우리나라의 역사만 보더라도 한 나라의 왕 또는 지도자가 얼마나 중요한지를 쉽게 알 수 있다. 지혜로운 왕이 세워지면 나라가 태평성대를 이루지만, 그렇지 못한 왕이 세워지면 말 그대로 나라가 쪽박 난다. 이처럼 사람이 살아갈 때 가장 중요하고 필요한 것은 지혜다. 지혜가 있는 사람은 행복도, 부함도 가질 수 있고 지켜낼 수 있다. 그러나 지혜가 부족한 사람은 하나도 지켜내지 못한다.

열왕기상 3장 12절 하반절의 말씀을 보면, "네 앞에도 너와 같은 자가 없었거니와 네 뒤에도 너와 같은 자가 일어남이 없으리라"고 말씀한다. 이처럼 하나님께서는 솔로몬에게 지혜를 허락하시어 역사상 전무후무한 왕이 되게 하셨다. **하나님께서는 왜 굳이 솔로몬에게 그런 큰 지혜를 허락하셨는가? 하나님께서는 그의 진실된 마음에 감동하셨다.** 그리고 당신의 백성을 위하는 그에게 지혜는 물론 구하지 아니한 부귀와 영광도 함께 주셨다.

> "⁴이에 왕이 제사하러 기브온으로 가니 거기는 산당이 큼이라 솔로몬이 그 제단에 일천 번제를 드렸더니 ⁵기브온에서 밤에 여호와께서 솔로몬의 꿈에 나타나시니라 하나님이 이르시되 내가 네게 무엇을 줄꼬 너는 구하라 ⁶솔로몬이 이르되 주의 종 내 아버지 다윗이 성실과 공의와 정직한 마음으로 주와 함께 주 앞에서 행하므로 주께서 그에게 큰 은혜를 베푸셨고 주께서 또 그를 위하여 이 큰 은혜를 항상 주사 오늘과 같이 그의 자리에 앉을 아들을 그에게 주셨나이다 ⁷나의 하나님 여호와여 주께서 종으로 종의 아버지 다윗을 대신하여 왕이 되게 하셨사오나 종은 작은 아이라 출입할 줄을 알지 못하고 ⁸주께서 택하신 백성 가운데 있나이다 그들은 큰 백성이라 수효가 많아서 셀 수도 없고 기록할 수도 없사오니 ⁹누가 주의 이 많은 백성을 재판할 수 있사오리이까 듣는 마음을 종에게 주사 주의 백성을 재판하여 선악

을 분별하게 하옵소서 ^{10}솔로몬이 이것을 구하매 그 말씀이 주의 마음에 든지라 ^{11}이에 하나님이 그에게 이르시되 네가 이것을 구하도다 자기를 위하여 장수하기를 구하지 아니하며 부도 구하지 아니하며 자기 원수의 생명을 멸하기도 구하지 아니하고 오직 송사를 듣고 분별하는 지혜를 구하였으니 ^{12}내가 네 말대로 하여 네게 지혜롭고 총명한 마음을 주노니 네 앞에도 너와 같은 자가 없었거니와 네 뒤에도 너와 같은 자가 일어남이 없으리라 ^{13}내가 또 네가 구하지 아니한 부귀와 영광도 네게 주노니 네 평생에 왕들 중에 너와 같은 자가 없을 것이라 ^{14}네가 만일 네 아버지 다윗이 행함 같이 내 길로 행하며 내 법도와 명령을 지키면 내가 또 네 날을 길게 하리라 ^{15}솔로몬이 깨어 보니 꿈이더라 이에 예루살렘에 이르러 여호와의 언약궤 앞에 서서 번제와 감사의 제물을 드리고 모든 신하들을 위하여 잔치하였더라" _열왕기상 3:4~15

성경을 보면, 역사는 반복된다. 인물은 그때마다, 시대마다 변하나 하나님께서 사용하시는 사람은 비슷비슷하다. 반대로 늘 죽거나 망하는, 실패하는 인물도 있는데 하나같이 비슷비슷한 사람들이다. 우리는 본문의 말씀을 통해 어떤 사람이 하나님께서 복

주시고 크게 쓰시는 사람인지를 살펴보고자 한다. 더불어 우리는 본문을 통해, 우리가 사는 이 시대에 진정으로 하나님께서 쓰시는 전무후무한 인물이 되는 비결을 배워보자.

예배에 성공하는 사람이 되라

솔로몬은 어떻게 전무후무한 지혜로운 왕이 되었는가? 본문 4절에 그 답이 있다. 솔로몬은 예배에 성공한 사람이었다. 솔로몬은 왕이 된 후 가장 먼저 하나님께 제사를 드리러 기브온에 있는 큰 산당의 제단에 올랐다. 그리고 그곳에서 일천번제를 드렸다. 솔로몬의 예배의 스케일, 그 집중도가 남다른 것을 우리는 성경에서 쉽게 볼 수 있다. 이처럼 예배에 성공하면 모든 것에 성공한다. 반면 내가 예배에 실패했다는 것은, 하나님과 나와의 기본적인 관계에 문제가 생겼다는 말이다. 영혼이 잘됨같이 범사가 잘되고 강건한 건데, 핀트가 맞지 않아 문제가 발생하는 것이다. 그러나 솔로몬은 어떠한가? 예배에 목숨을 걸고, 큰 산당에 가서 엄청난 규모의 예배를 드렸다. 예배에 올인 하고 집중한 이 부분이, 하나님 보시기에 솔로몬은 다른 사람들하고 다르다라고 보신 것이다.

명예의 전당 같은 히브리서 11장에 넘버원으로 등장하는 사람이 아벨이다. 아담을 제치고 아벨이 1등으로 등장한 이유가 무엇인가? 그건 바로 예배에 성공한 사람이기 때문이다. 아벨과 그의 예물을 하나님께서 받으셨고, 가인과 그의 예배는 하나님이 거절하셨다. 아벨과 가인의 차이는 바로 그것이다. 말인즉슨, 우리가 살아갈 때 가장 중요한 것은 하나님께서 신령과 진정으로 예배하는 자를 찾으신다는 것을 알아야 한다. 아무리 자녀가 많아도 유달리 부모님의 말씀을 잘 듣고 순종하며, 부모님의 마음을 기쁘게 해드리는 자녀가 있다. 열 손가락 깨물어서 안 아픈 손가락은 없다는 말이 있지만, 사실은 더 아픈 손가락이 있는 법이다. 마찬가지로, 부모님도 더 예쁜 자녀가 있는 것이다. 우리는 하나님의 창조물이요, 그분의 자녀다. 우리가 창조된 목적은 하나님을 찬양하고 경배하기 위해서다. 때문에 우리의 삶에서 가장 중요한 것은 하나님을 예배하는 것이다.

솔로몬이 가장 잘한 것은 예배에 목숨을 걸었다는 것, 그 다음은 그의 예배 규모이다. 일천번제! 흔히 우리가 말할 때, 기도의 분량이 중요하다고 한다. 그런데 솔로몬은 한 번에 일천번제를 드린 것이다. 복 있는 사람은, 하나님께서 쓰시는 사람은 기도의 양이 많다. 기도는 길어도 응답은 순간임을 기억하라! 오랜 기도 중에, 오랜 눈물 중에 하나님께서 응답하시기 때문에 기도의 분량을 채우는 것이 중요하다.

성경을 보면, 대부분이 기도하라고 기록되어 있다. 구하라, 찾으라, 부르짖어라, 두드리라 등 하나님께서 우리에게 바라시는 게 바로 기도하라는 것이다. 등 따시고 배 부르며, 행복한 삶에 있을지라도, 반대로 바쁠수록 힘들수록 우리는 하나님께 일단은 기도부터 해야 한다. 왜? 우리 마음에 소원을 가질 때 하나님께서는 그 소원의 항구로 우리를 인도하시기 때문이다.

또한 기도만큼 그 마음의 소원도 참으로 중요하다. 솔로몬의 일천번제를 기쁘게 받으신 하나님께서는 그에게 무엇을 원하는지 물으셨다. 이때 솔로몬은 다시 하나님의 마음을 감동시킨다. 왜? 그는 자신의 부귀와 영광을 바라지 않고, 하나님의 백성들을 잘 다스릴 수 있는 지혜를 구했기 때문이다. 하나님께서는 이에 지혜는 물론 그가 구하지 않은 부귀와 영광까지 주셨다. 이처럼 우리도 기도할 때 중언부언하지 말자. 기도의 제목을 추슬러 집중할 때, 하나님께서는 그 이상의 것을 주심을 기억하라.

🌿 마음의 소원, 꿈을 가진 사람이 되라

성경은 대부분 꿈에 관한 이야기다. 본문 5절을 보니, 하나님께서는 어김없이 솔로몬의 꿈에 나타나셨다. 이처럼 하나님께서는 그 사람에게 복을 주시기 전에 꿈을 먼저 주신다. 하나님께서 그 사람에게 응답을 주시기 전에 마음에 소원을 두게 하시고, 그 소원의 항구로 확 밀어붙이신다. 때문에 마음의 소원이 있는 사람에게는 기도할 마음을 주시고, 간구할 때 응답해 주시는 것이다.

오늘날 이 시대는 정말로 살아가기 힘든 시대다. 현실이 너무나 팍팍하고 까칠한 시대가 되었다. 그러다 보니, 사람들이 점점 현실적이 되고 이성적이 되었다. 나쁘다는 것은 아니다. 그러나 꿈도, 낭만도 잃어버린 인생이 되어 안타깝다. 하나님의 사람은 꿈과 비전이 있어야 한다. 현실 감각도 중요하지만, 어차피 연약하고 부족한 인생! 우리는 하나님께 매인 바되지 않으면 살 수 없는 인생이다. 약할 때 강함 되시는 우리 하나님 아니신가!

하나님께서는 솔로몬의 꿈에 나타나 "내가 네게 무엇을 줄꼬 너는 구하라"고 말씀하신다. 이처럼 하나님께서는 항상 우리에게 물어보신다. 그리고 네 믿음대로 될 것이라 말씀하신다. 하나님께서는 우리의 필요와 소원을 아시지만, 우리에게 먼저 물어보고 가장 적합한 맞춤형 복을 허락하신다. 구약에서 가장 많은 이적을 행한 선지자 엘리사를 보라. 스승 엘리야가 죽기 전, 소원을 묻자 엘리사는 갑절의 영감을 원했다. 그리고 엘리사는 그 꿈대로 된 것이다.

당신의 마음에 어떠한 꿈이 있는가? 하나님께서는 우리에게 복을 주시기 전, 기도의 골방으로 밀어붙이신다. 그리고 우리가 기도할 때 소원대로, 꿈꾼 대로 이루어 주신다. 솔로몬뿐 아니라 하나님께서는 갈렙에게도 네가 말한 대로 될 것이라고 말씀하셨다. 말이 씨가 된다는 말이 있듯, 하나님께서는 우리의 소원대로 이루어 가신다. 마가렛 대처는 생각, 발상, 착상, 상상, 구상을 조심하라고 했다.

좋은 면에서 꿈을 꾸고 상상력이 발휘될 때, 그 상상과 발상과 착상은 말이 되어 '툭' 튀어 나온다. 말은 씨가 되어 행동이 되고, 행동을 하다 보면 습관이 되며, 습관이 오래되면 체질이 되어 그 사람을 결정짓게 된다. 때문에 그 사람의 마음의 됨됨이가 그 사람의 인생을 결정짓게 된다. 당신은 어떤 인생을 살고자 하는가? 부정적인 말과 행동으로 평생 인생의 고된 산을 넘기만 하다가 죽을 텐가, 아니면 긍정적인 말과 행동으로 현실을 뛰어넘는 인생을 살겠는가!

하나님 마음에 합한 사람이 되라

우리를 향한 하나님의 뜻은 성공이 아닌 성실이다. 오늘날 대부분의 사람들은 '어떻게 한판 대박을 터뜨리지?'라고 생각하며 살아간다. 그러나 그것은 하나님의 뜻이 아니다. 하나님께서는 우리가 비록 작은 일이라도, 그것에 성실하고 충성되게 행할 때 더 많은 것을 맡기시는 분이시다. 하나님께서 한 시대에 크게 쓰신 인물은 '착·충·지·부'임을 기억하자. 착하고 충성되고 지혜롭고 부지런한 사람을 사용하신다.

6절을 보니, 솔로몬은 자신의 아버지 다윗에 대해 '성실과 공의와 정직한 마음으로 주와 함께 주 앞에서 행했다'고 말한다. 여기서 다윗이 정직했다는 말은 그에게 죄가 없었다는 말이 아니다. 죄도 많고 허물도 많은 다윗 왕이었지만, 항상 하나님 앞에 회개할 줄 알았고 겸손하게 엎드릴 줄 알았다는 말이다. 자신의 아버지 스타일을 이야기하는 것이다. 사실 다윗은 성경 여러 곳에서 나오듯이, 마음이 성실하고 솜씨가 뛰어났던 사람이다. 그러면서 솔로몬은 7절에 말을 이어 가면서 하나님께서 이런 아버지를 대신하여 자신을 왕이 되게 하셨다고 고백한다. 여기서 솔로몬의 겸손함을 엿볼 수 있다. 사실 하나님께서는 굳이 사울, 다윗, 솔로몬이 아니더라도 왕으로 세울 인간이 참 많음을 우리는 간과해선 안 된다. 하나님께서는 우리가 아니더라도, 돌멩이를 들어서라도 얼마든지 구원의 역사를 이루실 분이기에 우리는 감사하며 겸손해야 하는 것이다.

우리가 신앙생활을 할 때, 다윗과 솔로몬처럼 들어 쓰임을 받아야지 에덴동산에서 추방당한 아담과 하와같이 되어선 안 된다. 장자권을 빼앗긴 에서와 같이, 촛대를 옮겨버린 즉 하나님의 영광을 거두어간 엘리 집구석같이 되어서는 안 될 것이다. 물론 사람은 넘어질 수 있다. 너무 잘되기만 하면 금새 교만이 차오른다. 하지만 우리는 그때에 다윗과 같이 하나님 앞에 납작 엎드려 성신을 거두지 말아달라고 용서를 구해야 한다.

본문 7절을 보니, 솔로몬의 겸손함이 극치에 이른다. 자신은 작은 아이라 출입할 줄을 알지 못한다고 말한다. 솔로몬은 어른인데도, 왕궁에서 배울 만큼 배웠는데도 자신을 작은 아이라 비유하면서 하나님의 영광을 감당하게 해달라고 겸손히 말하는 것이다. 왕인데, 하나님 앞에 자신을 최대한 낮추어 겸손의 고백을 하는 것이다. 벼는 익을수록 고개를 숙인다고 했다. 성공하면 성공할수록, 늘 자신의 교만을 스스로 제지하며 매순간 겸손을 유지해야 한다.

솔로몬이 하나님의 백성들을 위해 지혜를 구하자, 하나님 마음에 쏙 들어다고 본문 10절은 기록한다. 그래서 하나님께서는 그에게 구하지 아니한 장수와 부귀와 영광까지 다 주시겠다고 하신다. 더불어 평생 왕들 중에 솔로몬과 같은 자가 없을 것이라 말씀하신다. **하나님의 마음에 합한 사람, 그 마음에 감동을 주는 사람이 되면 우리의 필요를 누구보다 더 잘 아시는 하나님께서는 그 이상의 것들까지 채워주신다.**

솔로몬은 여기서 끝이 아니었다. 그는 꿈에서 깨어 다시 하나님께 감사의 제물을 드리고, 신하들을 위하여 잔치를 벌였다. 기도하는 중에 꿈을 꾸고, 그 꿈 가운데 응답이 있으며, 그 응답 가운데 찬양과 감사의 선순환이 계속되었다. 그러나 사실 우리는 솔로몬과 비교해 볼 때 부족한 것이 많다. 그의 겸손을 따라 갈 수도 없지만, 기도에 응답을 받으면 우리는 얼마나 교만해지던가!

🌿 인생의 결론은 감사에서 좌우된다

앞서 반복해 말했듯이, 인생은 산 넘어 산이다. 어려움과 고난과 고통의 연속이다. 그런데 아무리 힘들고 어려워도 감사함으로 받으면, 그 또한 버릴 것이 없음을 기억하자. 모든 상황과 환경을 감사함으로 받으면, 하나님의 평강이 우리 마음의 생각을 지켜주신다. **아무리 평안하게 살고 싶어도 지축이 흔들리는 시대다. 인력으로는 도저히 극복해낼 수 없는 시대에 우리는 살고 있다. 해결은 오직 주님만이 하실 수 있다.**

늘 깨어 기도함으로 하나님의 뜻을 발견하는 우리가 되어야 한다. 그리고 하나님께서 나의 마음에 심어주신 꿈과 비전을 찾아 겸손하고 성실하게 매순간에 임할 때, 하나님께서는 우리 인생의

길 가운데 놀라운 축복으로 함께하신다. 인생의 해결사는 오직 하나님이시며, 그 해결사의 마음을 움직이는 것은 감사뿐이다. 가난에 처했어도, 고난과 고통 가운데 눈물로 매일을 사는 처지일지라도 마음의 중심에 감사를 잊지 말자.

어려움 가운데 하나님을 찾지 않고 신접한 여인을 찾은 사울은 왕이 되었어도 죽음을 당했다. 그러나 다윗은 살인교사에 간음을 했어도, 바로 돌이켜 하나님 앞에 회개함으로 하나님께서는 용서해 주셨다. 솔로몬은 왕이 되자마자 하나님께 예배하며, 하나님 마음에 합한 기도를 올려드렸다. 하나님 마음에 합한 기도는 구하지 않은 것까지 종합선물 세트로 하나님께서 내려주심을 우리는 잊지 말자.

내가 진실로 너희에게 말하노니
여자가 낳은 자 중에 세례 요한보다
큰 이가 일어남이 없도다
그러나 천국에서는
극히 작은 자라도 그보다 크니라

마태복음 11:11

예수님의 들러리로
살아가라

세례 요한이라는 사람에게는 특별한 것이 몇 가지 있다. 첫째, 하나님께서 400년 동안 침묵하시다가 구약과 신약의 중간기를 거치고 400년 만에 말문을 트시고 말씀을 주신 사람이 바로 세례 요한이다. 둘째, 세례 요한은 독특한 성장 과정을 보냈다. 아버지와 어머니가 아주 좋은 집안에서 그는 인성을 타고 났으며, 광야에서 자라나 심플 라이프를 즐겼던 사람이다. 그래서 그의 별명은 '광야의 외치는 자'였다. 셋째, 성경에 있는 말씀처럼 그는 주인공이 아니었다. 신랑도 아니고, 대장도 아니었다. 그는 그저 신랑을 소개하고 안내하는 그런 들러리에 불과했다. 그러나 들러리 인생인 그는 기쁨이 충만했다. 우리는 세례 요한의 이 세 가지 특징들을 좀 더 자세히 살펴보고자 한다.

🌿 세례 요한은 하나님의 침묵을 깨운 사람이다

하나님께서는 시대마다 구원의 역사를 이루어 가시는데, 그때 반드시 말씀을 주신다. 전기는 전선을 타고 들어오듯, 성령의 역사는 말씀을 통해 이루시기 때문이다. 그래서 말씀이 없는 기적, 말씀이 없는 역사는 없다. 우리 또한 믿음은 들음에서 나오는데, 이 들음은 말씀에서 시작되기 때문이다. 그러므로 우리는 주님의 말씀을 주야로 묵상하며, 내 발의 등과 빛으로 삼아야 한다. 그런데 이렇게 중요한 말씀을 구약의 말라기 이후 400년 동안 침묵하셨다. 구약과 신약의 중간기를 거치면서 예수님의 탄생과 함께 신약 시대가 시작되었는데, 하나님께서 400년 만에 세례 요한을 통해 다시 말씀하기 시작하신 것이다.

"안나스와 가야바가 대제사장으로 있을 때에 하나님의 말씀이 빈 들에서 사가랴의 아들 요한에게 임한지라"_누가복음 3:2

성경에 말씀이 임했다는 것은, 정수리부터 발끝까지 말씀이 나를 관통했다는 말이다. 하나님께서는 사람을 통해 말씀으로 미션을 주시는데, 구약에 보면 세례 요한과 비슷한 사람들이 몇 있다. 바로 모세와 사무엘이다.

이스라엘 백성들은 출애굽하기 전, 430년을 애굽에서 종살이를 하였다. 430년 종살이를 하면서 고역으로 시달리다가 하나님 앞에 울고불고하며 기도했다. 그러니까 하나님께서 그들의 기도를 들으시고 응답하시는데, 출애굽기 2장을 보니 레위 여자와 레위 남자가 결혼을 한다고 말씀한다. 하나님의 시간은 물레바퀴와 같다고 하지 않았는가! 여튼 그들은 결혼을 해서 첫째로 미리암을 낳고, 둘째로 아론을 낳았으며, 셋째로 드디어 모세가 태어난다. 그리고 40세까지 왕궁에서 왕자로, 80세까지 광야에서 살인미수 죄의 도망자로 살게 된다. 이후 출애굽 역사의 지도자로 쓰임받는다. 430년 만에 이스라엘 백성들의 기도 응답이 모세에게 떨어진 것이다.

뿐만 아니라 사무엘도 똑같다. 사무엘상 3장 1절을 보니, "아이 사무엘이 엘리 앞에서 여호와를 섬길 때에는 여호와의 말씀이 희귀하여 이상이 흔히 보이지 않았더라"고 말씀한다. 즉 하나님께서 침묵하셨던 것이다. 하나님께서 가라사대 해야 가고, 오라사대 해야 오는데 도통 말씀을 안 하셨던 것이다. 말씀이 희귀한 그때, 사사 시대는 역사상 가장 어두운 시대였다. 왕도 없고, 춘추전국시대와 같은 혼란한 시대였다. 그러다 몇 백 년이 지나고 나서 아이 사무엘에게 다시 말씀을 하기 시작한 것이다. 한나가 기도로 낳은 아들 사무엘은, 그의 말이 하나도 땅에 떨어지지 않을 만큼 백발백중의 예언을 하는 능력의 지도자가 되었다.

하나님께서는 시대마다 은혜를 베푸실 때, 반드시 말씀으로 인도하신다. 때문에 우리가 매일, 매순간 성경을 읽고 말씀을 청종해야 한다. 찬양을 부를 때, 그 찬양이 가슴에 울림이 되어야 하고 떨림이 되어야 하며 설렘이 되어야 한다. 말씀 한 구절이 담기면, 그 말씀의 은혜가 치료 광선이 되어 빛을 발하여 암 덩어리가 떨어지고 공황장애가 해소되는 것이다. 이와 같이 중요한 하나님의 말씀을 우리는 정기적으로 들어야 살아갈 수 있는데, 세례 요한 전까지 무려 400년을 침묵하셨다니 얼마나 엄청난 일인가! 하나님의 침묵을 깨운 세례 요한은 참으로 대단한 사람이 아닐 수 없다. 이처럼 우리도 어디를 가든지 말씀의 통로로 사용되어야 한다. 말씀이 나의 인격이 되고, 그 말씀에 익숙한 학자 에스라와 같이 말씀에 정통한 사람이 되어야 한다.

🌿 세례 요한은 독특한 성장 과정을 가진 사람이다

세례 요한은 참으로 독특한 성장 과정을 가졌다. 누가복음 1장 80절에 보면, "아이가 자라며 심령이 강하여지며 이스라엘에게 나타나는 날까지 빈 들에 있으니라"고 기록되어 있다. 우리는 여기서 "심령이 강하여지며"라는 말에서 세례 요한의 인성·영성을 찾아볼 수 있다. 하나님께서는 그에게 사명을 감당하게 하시기 전에 먼저 마음의 알통과 심령의 근력을 세워주셨다. 또한 "빈 들에 있으니라"는 말에서 우리는 세례 요한의 야성을 찾아볼 수 있다. 이처럼 하나님께서는 세례 요한에게 사명을 주시기 전에 인성·영성·야성을 심겨주신 것이다.

이뿐만이 아니다. 마태복음 3장 4절을 보면, "이 요한은 낙타털 옷을 입고 허리에 가죽 띠를 띠고 음식은 메뚜기와 석청이었더라"고 기록한다. 완전히 들판에서 노숙하면서 메뚜기를 잡아 먹고 털옷을 걸치며 살아간 야성을 가진 인물이었다. 사실 오늘날 우리의 모습을 보면, 야성은 찾아보기 힘들다. 과거 가난하고 어려운 시절에는 다 무릎을 꿇고 엎드려 기도하고, 그러면서 어려움을 극복해 나갔는데 요즘에는 삶이 나아지고 편안해지다보니 점점 편리주의와 쾌락주의에 빠져서 웬만한 어려움은 잘 견디질 못한다.

나는 세례 요한의 말씀을 보면서 우리도 세례 요한과 같이 그 시대의 하나님 말씀에 직통한, 말씀에 민감한 사람으로 거듭나야 한다고 생각한다. 믿음은 들음으로, 들음은 말씀으로 오기 때문에 우리가 말씀에 민감해야 하는 것이다. 나아가 말씀을 들을 때 우리 마음에 설렘이 일어나야 된다. 이 설렘은 말씀이 소리가 되어 우리의 마음에 부딪힐 때, 우리 마음에 감화 감동되는 것을 말한다. 그때 비로소 우리 마음에는 기쁨이 샘솟듯 일어나고, 은사가 불일 듯 일어나 독수리 날개 치듯 날아오르게 되는 것이다.

또한 유달리 하나님의 말씀이 임했던 세례 요한은, 예수님을 소개하고 안내하는 데 부족함이 없도록 탁월한 영성을 소유하였다. 더불어 빈 들에 살 수 있을 만큼 걸릴 것이 없는 심플 라이프를 즐겼다. 우리도 세례 요한과 같이 신앙의 단순성과 야성을 회복해야 하겠다. 풀뿌리 근성, 헝그리 정신, 잡초 근성을 가지고 들판에서, 야전에서, 사막 한 가운데서 살아남는 세례 요한과 같은 근성을 가져야 한다. 그러면 하나님의 사람으로 우리도 쓰임받을 수 있게 될 것이다. 인성·영성·야성 그 어느 것 하나라도 부족하면 쓰임받을 수 없다.

하나님께서는 그 시대마다 자신의 종들을 훈련시키시는데, 그 훈련은 예루살렘 다운타운에서 하시는 게 아니다. 세례 요한을 빈 들에서 한 것과 같이 다윗은 들판에서 훈련받았다. 어려서는 양을 치며 목동으로, 왕으로 기름 부음을 받은 그날부터 10년 동안은 떠돌이 도망자로 생활을 하였다. 그는 그 10년을 통해 야성과 영성은 물론, 성군이 되기 위한 인격과 리더십까지 겸비하게 되었다. 모세도 마찬가지다. 그는 야반도주했지만, 미디안 광야에서 40년간 양을 치며 단련을 받았다. 그리고 80세에 출애굽의 지도자로 들어 쓰셨다.

하나님은 이러한 하드 트레이닝으로 사람을 만들어 가시는데, 오늘날 우리의 모습은 어떠한가? 마태복음 5장의 산상보훈을 보면, 무엇을 먹을까 마실까 입을까를 염려하지 말라고 하셨는데 우리의 모습은 하지 말라는 것을 모조리 하고 있지는 않은지 돌아봐야 한다. 온실 속의 화초와 같이 쉽게 상처를 받는, 야성을 잃어버린, 적응력이 떨어지는 그런 우리이기에 하나님께서는 세례 요한을 통해 우리에게 주시는 강한 메시지가 있음을 기억하라. 말씀을 사모하고, 그 앞에 민감하게 반응할 때 주님의 은혜가 우리에게 임한다.

세례 요한은 기쁨이 충만한 사람이다

세례 요한은 신랑도, 주인공도 아니었다. 그는 신랑이 잘되게, 거기까지만 하는 들러리였다. 보통 사람들은 자신이 대장을 하고, 이기며 잘났다고 해야 행복할 텐데, 그는 들러리임에도 불구하고 기쁨이 충만한 사람이었다. 그러니 그의 삶의 품격은 차원이 다를 수밖에 없다. 사실 우리는 부부지간에도 서로 이겨먹으려고 싸우지 않는가? 제3자가 볼 땐 도토리 키 재기일 뿐이요, 오십보백보일 뿐이다. 사랑하는 사람을 이기려 하는 것보다 지는 것이 내려놓음의 자유가 있을 텐데, 혈기가 왕성할 땐 그것을 잘 모른다.

세례 요한의 외침의 핵심은 바로 내 뒤에 오시는 이가 진짜라는 것이다. 예수님이 기뻐하시고 좋아하면, 나는 그것으로 좋고 기쁘다는 들러리의 기쁨으로도 충분한 사람이었다. 목자와 양을 생각해보라. 양의 기쁨은 무엇이겠는가? 양에게 무슨 날개가 있어서 독수리처럼 날아다니는 것이 기쁘겠는가, 아니면 날카로운 발톱이 있어서 사자처럼 토끼를 잡아먹겠는가? 양은 그저 목자가 푸른 초장에 쉴 만한 물가로 인도하면 그것으로 만족하는 것이 양의 기쁨이다. 마찬가지다. 세례 요한도 예수님을 소개하는 것만으로도 너무나 행복했던 것이다.

오늘날 우리에게도 이런 기쁨이 있어야 한다. 세례 요한의 기쁨, 예수님 한 분만으로 행복한 기쁨 말이다. 그러나 세상이 빠르게 변하고 세상에 쾌락주의가 흐르면서 우리의 삶은 만족보다는 비교의식이 생겨 늘 불평과 불만으로 살아간다. 우리의 인생이 행복하지 못하고, 날마다 고통스러운 이유는 바로 외부가 아닌 내부에서 비롯된 것이 아닐까? 다행히 하나님께서 침묵하는 시대가 아니다. 우리에겐 성경도 있고, 언제 어디서나 말씀을 들을 수 있는 환경 가운데 있다. 행복을 선택하느냐, 아니면 불행을 선택하느냐는 전적으로 우리의 몫이다.

"많은 사람이 왔다가 말하되 요한은 아무 표적도 행하지 아니하였으나 요한이 이 사람을 가리켜 말한 것은 다 참이라 하더라"- 요한복음 10:41

"내가 진실로 너희에게 말하노니 여자가 낳은 자 중에 세례 요한보다 큰 이가 일어남이 없도다 그러나 천국에서는 극히 작은 자라도 그보다 크니라"- 마태복음 11:11

세례 요한은 아무 표적도 행하지 않았던 유일한 성경의 인물이다. 그만큼 그는 오직 예수 그리스도만 선포한 사람이다. 그의 삶은 예수님 소개만 100% 완전하게 행했다. 또한 여자가 낳은 자 중에 세례 요한보다 더 큰 자가 없다고 성경은 기록한다. 역사상 가장 큰 사람으로 살았던, 주는 자가 복이 있고 섬기는 자가 복이 있다는 것을 몸소 실천한 사람이다. 철저히 예수님만 자랑하고 예수님만 높이며 예수님만 소개했다. 한 마디도 자신의 자랑을 한 적이 없는 사람이다. 세례 요한은 정말로 오늘날 우리가 본받아야 마땅한 자이다.

"세례 요한의 때부터 지금까지 천국은 침노를 당하나니 침노하는 자는 빼앗느니라"_마태복음 11:12

세례 요한 때부터 천국은 침노하는 자의 것이다. 하나님을 모르는 불신자들이 예수님을 만나고, 예수님을 만나면 하나님께서 천국 시민권을 주신다. 즉 천국을 차지하게 되니, 천국은 침노하는 자의 것이라는 말이다. 때문에 믿음의 사람들은 웅크리고 앉아 있지 말고 야성을 가지고 세상에 당당히 나아가 복음을 전해야 한다. 열방을 품고 살아가야 한다. 은혜의 보좌 앞으로 담대히 나아가 늦은 비의 복을 충만히 받는 진짜 그리스도인이 되어야 한다. 시험과 환란을 넘어서서, 이 시대의 어려움을 딛고 세례 요한이 가졌던 인성과 영성과 야성을 소유한 기쁨의 그리스도인들이 되길 소망한다.

한 날의 괴로움은
그 날로 족하니

4

사랑,
회복과 치유

세상의 계산법으로, 세상의 이치로는 도저히 환산할 수 없고 상상조차 할 수 없는 그분의 사랑에 우리의 인생을 맡기라. 나아가 그분의 바보 사랑, 숙맥 같은 사랑을 우리도 세상 사람들에게 전해보자. 하나님의 사랑은 우리를 회복시키고 치유할 뿐 아니라 우리를 통해 그 사랑으로 세상을 변화시키는 중심에 서게 할 것이다.

하나님이 세상을 이처럼 사랑하사
독생자를 주셨으니 이는 그를 믿는 자마다
멸망하지 않고 영생을 얻게 하려 하심이라

요한복음 3:16

하나님의 사랑은
바보 사랑이다

"하나님은 사랑이시라"요한일서 4:16의 말씀을 아는가? 그런데 정작 그분의 사랑을 정확히 모르고 있는 듯하다. 신·구약 성경 전체의 내용을 자세히 살펴보면, 처음부터 끝까지 하나님의 러브 스토리가 빼곡히 기록되어 있다. 하나님이 세상을 이처럼 사랑하신 모든 내용이 자세히 적혀 있는 것이다. 더불어 여호와 하나님께서는 우리에게 얼굴을 비추시고 은혜 베푸시기를 원하신다.

'은혜'란 쉽게 말해, 공짜로 선물 보따리를 내려 주시는 것이다. 하나님의 사랑은 인간의 계산법으로는 결코 환산할 수

가 없다. 세상에는 똑똑한 사람들이 많다. 정치·사회·경제적으로 뛰어난 사람들이 수두룩하다. 그러나 정작 하나님의 계산법에 대하여 정확히 알고 이해하는 사람은 없다. 왜? 인간의 사고는 유한하기 때문에 도저히 세상의 계산법으로는 환산이, 아니 상상조차 안 되는 것이다.

"하나님이 세상을 이처럼 사랑하사 독생자를 주셨으니 이는 그를 믿는 자마다 멸망하지 않고 영생을 얻게 하려 하심이라"_요한복음 3:16

하나님이 세상을 이처럼 사랑하사 보내주신 분이 바로 독생자 예수님이시다. 생각해보라! 아무리 사랑한다고 해도 자신의 외아들을 내놓을 자가 어디 있는가? 천지를 창조하신 하나님께서 뭐가 부족하셔서 우리에게 그런 큰 사랑을 베푸시냐는 말이다. 이것은 인간의 연약함으로는 도저히 계산이 되지 않는 것이다. 그래서 우리는 성탄절과 부활절을 더욱 깊이 생각하고, 상상도 할 수 없는 주님의 큰 사랑에 감사해야 한다.

🌿 하나님은 우리에게 평강주시길 바란다

"여호와는 그 얼굴을 네게로 향하여 드사 평강 주시기를 원하노라 할지니라 하라"_민수기 6:26

"평강 주시기를 원하노라"는 말씀처럼, 하나님께서 우리에게 사랑을 베푸시는 것은 평강을 주시기 원해서이다. 큰 병에 걸리고 어려운 일이 닥쳐도 마음에 고요함과 차분함이 있으면, 즉 평강이 있으면 그 병과 모든 어려움을 이길 수 있다. 하나님이 주신 사랑, 그 놀라운 사랑이 은혜이고 긍휼이며 평강인 것이다. 그분의 인자와 긍휼이 무궁하시기에, 우리는 진멸되지 않는다. 구원받는 천국 시민권자가 거저 되는 것이다.

"²²여호와의 인자와 긍휼이 무궁하시므로 우리가 진멸되지 아니함이니이다 ²³이것들이 아침마다 새로우니 주의 성실하심이 크시도소이다"_예레미야애가 3:22~23

물가에 세워놓은 아기를 바라보듯, 부모님께서 자녀를 생각할 때 늘 마음이 짠하듯 하나님께서 우리를 볼 때에도 심중에 짠하심이 있다. 그게 바로 긍휼의 마음이요, 인자한 마음이다. 부모님의 그 심정과 사랑보다 큰 것이 바로 우리 하나님의 사랑이다. 우리의 죽음을 대신해 독생자 아들 예수 그리스도를 아낌없이 내어주실 만큼 말이다. 때문에 우리는 그분의 창조 뜻대로 그분을 찬양하고 경배할 의무가 있다.

"너는 마음을 다하고 뜻을 다하고 힘을 다하여 네 하나님 여호와를 사랑하라"_신명기 6:5

유대인들이 국민교육헌장과 같이 생각하는 쉐마에는, 마음을 다하고 뜻을 다하고 힘을 다하여 하나님을 사랑하라고 말씀한다. 하나님이 세상을 이처럼 사랑하사 독생자를 주셨기 때문이다. 즉 예수님은 사랑이시다. 신·구약 성경은 구석구석 모두 사랑에 관한 이야기뿐이다. 그리고 그 기준은 예수님의 탄생으로 나뉜다. 구약은 오실 예수님에 대해, 신약은 오신 예수님에 대해 말한다.

세계사는 우리가 잘 아는 것과 같이 예수님께서 이 땅에 오심을 기준으로 한다. 예수님의 탄생을 기준으로 BC $^{\text{before Christ, 기원전}}$와 AD $^{\text{Anno Domini, 기원후}}$로 나눈다. 신·구약 성경도 마찬가지다. 그래서 구약 성경에는 오실 예수님이 누구신가에 대해, 왜 오셔야 하는지에 대해 구구절절 설명하였다. 또한 신약 성경에는 오신 예수님에 대해, 그분의 사랑에 대해 기록하였다.

결국 성경은 신·구약을 통틀어 하나님 아버지의 그 크신 사랑을, 예수 그리스도를 통한 그 사랑의 행적을 적어놓았다. 그런데 여전히 우리는 그렇게 구구절절 설명해 놓은 성경을 아무리 읽고 말씀을 들어도 여전히 하나님의 사랑을 알기엔 턱없이 부족하다. 아니, 안다고 하지만 잠시 잠깐이다. 여전히 우리는 세상의 계산기를 앞에 두고 두드리며 신앙생활을 하고 있다. 이 얼마나 통탄할 노릇인가!

🌿 하나님의 사랑은 무한한 사랑이다

하나님께서는 구약 성경에서 선지자들을 통해 당신의 사랑을 전하신다. 수많은 선지자들과 제사장들을 통해 당신의 사랑을 우리에게 보여주신다. 그러나 그분이 우리에게 계속 선지자들을 보내도 여전히 우리는 그분의 사랑을 깨닫지 못한다. 하나님 아버지의 사랑을 알아차리지 못한다. 하나님의 본심은 사랑이신데 하나님의 방법은 오직 사랑뿐인데, 우리가 그 사랑을 깨닫지 못하니 너무나 답답하신 하나님께서 결국 말씀이 육신이 되어 이 땅에 오신 것이다.

호세아 선지자가 음란한 아내를 사랑한다. 바람난 마누라를 돈을 주고 계속 사온다. 값을 주고, 돈을 주고 사와도 계속 집을 뛰쳐나가니 결국 포기할 수밖에 없는, 애 터지는 사랑의 기록이 바로 호세아서이다. 하나님께서 우리를 향한 무한한 사랑의 표현인 것이다. 호세아서를 읽어보면, 우리를 향한 그분의 구구절절한 사랑을 깨달을 수 있다.

"⁵그 때에 내가 말하되 화로다 나여 망하게 되었도다 나는 입술이 부정한 사람이요 나는 입술이 부정한 백성 중에 거주하면서 만군의 여호와이신 왕을 뵈었음이로다 하였더라 ⁶그 때에 그 스랍 중의 하나가 부젓가락으로 제단에서 집은 바 핀 숯을 손에 가지고 내게로 날아와서 ⁷그것을 내 입술에 대며 이르되 보라 이것이 네 입에 닿았으니 네 악이 제하여졌고 네 죄가 사하여졌느니라 하더라"_이사야 6:5~7

이사야 선지자는 어떠한가? '화로다, 나는 입술이 부정한 사람이다'라고 자신에 대해 말한다. 부정한 사람, 죄가 많은 사람, 거룩하신 하나님을 상대할 수 없는 사람을 하나님께서는 핀 숯으로 이사야 선지자를 정결하게 해주셨다. 그리고는 이사야 선지자 스스로 "내가 여기 있나이다 나를 보내소서"이사야 6:8라고 자원하는 사람으로 변화시켜 가신다.

아모스 선지자는 공의를 하수같이, 불법과 탈법과 편법이 판을 치는 이 땅에서 하나님의 공의와 정의를 강물처럼 흘려보낸다. 사실 우리의 현주소는 어떤가? 공의를 하수같이 흘려보내야 할 사명이 있는 우리 그리스도인들 자체가 불법과 탈법과 편법에 앞장서고 있는 건 아닌가? 세상에서 살려면 어쩔 수 없다는 말은 집어치우자.

다윗의 일생을 통해 알 수 있는 것은, '성경에 100% 의인은 없지만 하나님의 무궁한 사랑은 있다'일 것이다. 하나님께서 그토록 사랑했던 다윗이지만, 결국 그도 범죄하고 타락하며 말썽이 있는 인생이었다. 하지만 하나님께서는 포기할 수 없는 무궁한 사랑으로 그를 끝도 없이 사랑하고 품어주셨다.

우리도 마찬가지다. 죄를 범했어도 하나님 앞에서 회개하면 회복이 된다. 항복하면 행복해지고, 주님 앞에 엎드리면 구원해 주신다. 하나님의 축복은 회개를 통해서, 주님 앞에 겸손한 마음을 통해서 흘러가는 것이다. 야곱은 사기꾼이었다. 속이는 자, 약탈자였다. 그러나 그토록 문제가 많은 인간적인 야곱도 기도의 씨름을 통해 하나님께서 이긴 자로 변화시켜 야곱의 축복을 만들어 주셨다.

🌿 그럼에도 하나님은 우리를 사랑하신다

우리 하나님께서는 세상을 이처럼 사랑하사 모든 사람들이 구원받길 기뻐하신다. 그런데 안타까운 건, 거룩하신 하나님께서는 죄인을 천국에 데려갈 수가 없다. 하나님의 공의로우심과 인자하심이 모든 사람들이 구원받기를 기뻐하셔도, 그럼에도 죄인만큼은 천국에 데려갈 수 없다는 것이다. 참으로 딜레마다. 당신에게 하나님은 어떤 분이신가? 걸리기만 하면 지옥에 쳐 넣는 무서운 하나님이신가? 가까이 하기엔 너무 먼 하나님이신가?

하나님께서는 그 딜레마를 해결하기 위해 성령으로 잉태되신 독생자 예수 그리스도를 이 땅에 보내주셨다. 그리고 예수님께서는 이 땅에 오셔서 죄의 문제를 해결해 주셨다. 나와 우리 같은 죄 많은 인간을 구원하시기 위해 말이다. 하나님께서 세상을 이처럼 사랑하심으로 우리는 그 보내주신 독생자로 인해 멸망하지 않고 영생을 선물로 받았다. 그분의 은혜로 우리는 택하심을 받은 자가 된 것이다. 아무런 조건도 없이 거저 말이다.

우리 모두 잘 아는 것처럼, 세상은 영악한 사람들이 많다. 정치·사회·경제를 보면, 각 분야에서 내로라하는 모든 사람들이 얼마나 잔머리 굴리고 손해 안 보려고 노력하는가! 그러나 우리 하나님은 독생자를 보내셨고, 그 독생자 아들은 아버지께 죽기까지 순종하셨다. 이게 어떻게 세상의 계산법으로 설명이 가능하겠는가? 인간의 유한한 지식으로 해석이 되냐는 것이다. 그래서 나는 하나님의 이런 눈먼 사랑, 애 타는 사랑을 감히 '바보 사랑'이라 이름짓고 싶다.

전지전능하신 하나님을 바보라고 할 순 없지만, 정말 우리를 향한 하나님의 사랑은 세상말로 바보스럽다. 숙맥 같은 사랑이다.

당신은 숙맥이 뭔지 아는가? 사전을 보니, 보리와 콩을 분간하지 못하는 것을 숙맥이라 한단다. 세상 물정을 모르는 사람을 가리켜 숙맥이라는 것이다. 사실 하나님 입장에서 봤을 때, 우리는 사랑할 가치도 없고 사랑스럽지도 않으며 만정이 뚝뚝 떨어지는 인간이다. 그런데 이런 인간을 하나님께서는 무조건 사랑하신다.

요즘 세상을 보면 똑똑한 사람들이 너무 많다. 그래서 나는 바빠서도 TV를 못 보지만, 특히나 더 요즘엔 TV를 보지 않는다. TV를 보면 똑똑한 사람이 너무 많아서 이 말 저 말 듣다가 정신 분열이 될 것 같다. 얼마나 영악하고 이해타산이 빠른지, 절대로 손해 볼 짓은 안 한다. 전부 이기적인 그런 세상 한복판에 우리가 살아간다고 생각하니 우울증이 그냥 찾아올 것 같아서 안 본다. 우리는 좀 다르게 살면 안 될까? 하나님께서 바보같이, 숙맥 같은 사랑으로 우리를 그토록 따라다니며 구원하시기 위해 애쓰신 것처럼 우리도 사랑으로 조금만 양보하고 살아가면 어떨까? 하나님께서 독생자 아들 예수 그리스도를 우리에게 보내신 것처럼, 우리의 죄를 대신해 십자가를 지신 것처럼 서로서로 허물과 부족함을 보듬어 주면서 그분의 사랑을 조금만이라도 실천해 보면 어떨까? 그럼 세상은 조금씩 회복되고 치유되지 않을까 생각한다.

사도행전을 모르는 그리스도인들은 없을 것이다. 사도행전은 흔히 성령행전이라고도 하며, 바보들의 행전이라고도 한다. 바울은 감옥에서도 기뻐했다. 앞서 반복해 말했던 것처럼, 어떤 형편에서든지 적응력을 갖추고 일체의 비결을 배웠노라고 말한다. 이런 사도 바울을 세상 사람들은 절대로 계산이 될 수 없다. 세상의 계산법으로는 해석이 안 되는 인생이다. 세상 사람들은 사람들을 사귈 때, 나에게 저 사람이 도움이 될지에 대해 먼저 생각한다. 그러나 예수님께서 우리와 친구가 되어주실 때에는 결코 그것을 따지지 않으셨다. 아니, 세상의 시각으로 보면 본전도 안 되는 손해뿐이다. 나아가 희생뿐이다. 그럼에도 우리를 사랑하셨다. **죽기까지 사랑하셨으니, 이 어찌 세상의 눈으로 봤을 때 바보 사랑이라 하지 않겠는가! 우리 부모님의 사랑보다 더 큰 사랑이 바로 하나님의 사랑이다.**

자녀를 키워보신 분들은 잘 알 듯, 자녀들은 한두 번씩 크고 작은 병치레를 하고 자란다. 그러면 부모들은 순간순간 마음이 무너지는 것을 경험한다. 또한 자녀가 일반적이지 않은 길을 가고자 할 때에도, 부모 마음에 흡족하지 않은 배필을 데리고 왔을 때에도 마음에 큰 폭풍이 부는 듯하다. 하지만 어쩌겠는가? 내 자식이 원하는 것을 꺾을 수 없어 부모는 그저 또 지고 만다. 이런 일은 세상에서 비일비재한 일이다.

성경에 나오는 탕자의 비유를 보라. 둘째 아들의 속셈을 훤히 알면서도, 아버지는 아들이 원하는 대로 해준다. 그리고 그 둘째가 허랑방탕한 생활을 하여 모든 재산을 탕진하고 거지꼴로 돌아왔을 때에도 그저 맞아주고 받아준다. 모든 부모의 마음은 과거나 현재나 동일할 것이다. 그런데 이런 부모의 사랑보다 더 큰 사랑이 바로 하나님의 사랑이다. 그러니 어떻게 세상의 계산법으로 그 사랑을 가늠할 수 있으랴!

"하나님이 세상을 이처럼 사랑하사 독생자를 주셨으니 이는 그를 믿는 자마다 멸망하지 않고 영생을 얻게 하려 하심이라"_요한복음 3:16

하나님께서는 태초부터 지금까지 한결같은 사랑으로 우리를 사랑하셨다. 그리고 그분은 우리가 지금도 죄를 떠나 하나님께로 돌아오길 바라신다. 독생자 예수 그리스도를 보내주신 것보다 더 큰 사랑이 어디 있겠는가! 우리는 하나님의 본심을 기억해야 한다. 그리고 더 이상 죄 가운데 허덕이는 유한한 인생을 끊어버리고, 주님께 돌이킴으로 말미암아 영원한 생명을 얻길 바란다.

세상의 계산법으로, 세상의 이치로는 도저히 환산할 수 없고 상상조차 할 수 없는 그분의 사랑에 우리의 인생을 맡기라. 나아가 그분의 바보 사랑, 숙맥 같은 사랑을 우리도 세상 사람들에게 전해보자. 세상의 사랑은 유한해 언젠가는 배신으로 다가오지만, 하나님의 사랑은 우리에게 영원한 생명을 준다. 또한 하나님의 사랑은 우리를 회복시키고 치유할 뿐 아니라 우리를 통해 그 사랑으로 세상을 변화시키는 중심에 서게 할 것이다.

그런즉 믿음, 소망, 사랑,
이 세 가지는 항상 있을 것인데
그 중의 제일은 사랑이라

고린도전서 13:13

사랑으로
세상을 변화시키라

당신은 '사랑'에 대해 얼마나 아는가? 어떤 사람들은 사랑을 쉽게 생각하고, 어떤 사람들은 사랑을 아주 어렵게 생각한다. 그러나 한국적인 문화에서 자라난 사람이라면, 보통은 어려서부터 사랑을 받고 자란다. 그래서인지 대부분의 사람들이 스스로를 사랑꾼이라 생각하며 살아간다. 하지만 사랑 때문에 어려움을 당하는 사람들도 적지 않다. 사람의 마음이 변하듯, 사랑도 변하기 때문이다. 사랑하는 마음이 식고, 사랑의 온도가 낮아지니까 사랑이 변질되는 것이다.

나는 지난 10여 년 동안, 매년 김천대학교에 집회를 간다. 그런데 이 학교가 아주 재미있는 학교다. 김천대학교를 설립하신 분이 대한민국에 대학교가 없는 곳에 가서 대학을 세우자고 하여 시작된 대학 세우기가 무려 7개의 대학교를 세우는 역사를 만들었다. 말이 쉽지, 대학교를 하나 세우기도 쉽지 않은데 무려 7개의 대학을 세웠다고 하니 얼마나 놀라운가! 그리고 그중 하나가 바로 김천대학교이다.

김천대학교의 구호는 〈사랑으로 세상을 변화시키자〉이다. 그래서 가끔 TV를 보면, "사랑으로 세상을 변화시키는 우리 김천대학교에 여러분 모두를 초청합니다!"라는 광고가 나온다. 이때 등장하시는 분이 바로 김천대학교의 총장님이시다. 대한민국에 대학을 7개나 세우신 분은 현 총장님의 아버님이시고, 두 분다 목사님이시다. 그런데 그 대학교에 가서 채플을 인도해 보면, 예배가 얼마나 재미있는지 모른다. 전교생이 5천 명인데, 매주 채플 시간이면 지난주에 생일이었던 학생들을 앞으로 다 불러내어 종이로 만든 꽃다발을 생일인 학생들에게 전부 안겨주고 다같이 허그를 한다. 처음에 갔을 때에는 유치부의 생일 파티 같아서 유치한 것 같았는데, 몇 년을 지켜보니까 학교 안이 진짜 사랑이 넘치는 것

같이 따뜻하게 느껴졌다. 뿐만 아니라 총장님이 그 넓은 캠퍼스를 커튼까지 하나하나 직접 신경 쓰신다고 한다. 얼마나 대단한가!

당신은 장기려 박사님을 아는가? 박사님은 '사랑의 사도'라 불린다. 그분은 이북에 사모님을 두고 오셨다. 잠시 피난 온다고 내려왔는데, 휴전선이 생기면서 돌아갈 길이 막혀 결국 못 돌아가셨다. 이북에 아내가 있었기 때문에 그는 80년을 살면서 평생 수절을 하셨다. 그런데 북한에 있는 사모님은 재혼을 하셨다고 한다. 여자는 참으로 믿을 수가 없다. 박사님은 북한에 있는 아내를 생각하며 평생을 혼자 살았는데 말이다.

여튼 장기려 박사님은 1968년 청십자 의료보험조합을 발족시켜 청십자 의료보험 제도를 처음 만든 분이시다. 흔히 우리가 박사님을 '사랑의 사도'라 부르는 이유가 바로 영세민들에게 의료복지 혜택을 주기 위한 기틀을 만드셨기 때문이다. 그래서 많은 의료인들이 그분을 존경하며, 그분을 사랑의 결정체라 칭한다. 그런데 그분이 늘 주장하는 게 있다. "사랑의 동기가 아니고는 아무 말도 하지 말자!" 이 말은 복음병원인 고신대 간호대에 가면 액자로 복도에 걸려 있다.

"사랑의 동기가 아니고는 어떤 말도 하지마라. 모든 것 중에 가장 중요한 건 사랑이다."

우리 교회에 서울대 법대를 나오고 불교계에서 아주 촉망을 받던 엘리트 스님이 있다. 그분의 부인은 한의원장이다. 그 부부가 우리 교회에 와서 등록을 하고, 지금은 집사님이시다. 신기하지 않은가? 그래서 내가 물었다. 엘리트에, 불교계에서 촉망받던 스님이 어떻게 예수님을 믿게 되었냐고 말이다. 그랬더니 한 지인이 있는데, 그분이 너무나 진실하여 볼 때마다 천사와 예수님을 보는 듯 했다고! 그래서 '이것이 진짜다!'라고 생각하여 예수님을 믿게 되었다고 한다.

🌿 믿음·소망·사랑, 그중에 제일은 사랑이다

"사랑의 모습을 보고 감동을 받아서 예수님을 믿게 되었다"라는 고백처럼, 우리도 그래야 하지 않을까? 앞서 말했듯, 성경은 그 자체가 러브 스토리이다. 하나님께서는 우리를 너무나 사랑하셔서 죄로 인해 죽을 수밖에 없는 우리에게 독생자 예수님을 보내주셨다. 그리고 그분을 믿기만 하면 영생을 허락하신다. 이 얼마나 감동적인가! 또한 성자 예수님께서는 성부 하나님의 뜻을 거절하지 않으시고, 친히 육신을 입고 이 땅에 내려와 십자가를 감당하셨다. 이뿐만이 아니다. 십자가에서 우리의 죄를 대신 지신 예수님께서는 죽은 지 3일 만에 다시 살아나셨다. 그리고 제자들과 40일을 지내신 후에 하늘로 승천하시면서 우리를 위해 보혜사 성령 하나님을 보내주셨다. 오늘날 우리는 성령님의 임재 안에 주님이 주시는 복과 은혜를 이 땅 가운데서도 누릴 수 있게 되었다. 영화 〈국제시장〉을 보았는가? 거기에 나오는 아버지의 모습, 처자식을 위해 희생하는 아버지의 모습보다 더 큰 사랑을 우리는 성부 하나님께 받고 있다.

"[1]내가 사람의 방언과 천사의 말을 할지라도 사랑이 없으면 소리 나는 구리와 울리는 꽹과리가 되고 [2]내가 예언하는 능력이 있어 모든 비밀과 모든 지식을 알고 또 산을 옮길 만한 모든 믿음이 있을지라도 사랑이 없으면 내가 아무 것도 아니요 [3]내가 내게 있는 모든 것으로 구제하고 또 내 몸을 불사르게 내줄지라도 사랑이 없으면 내게 아무 유익이 없느니라 [4]사랑은 오래 참고 사랑은 온유하며 시기하지 아니하며 사랑은 자랑하지 아니하며 교만하지 아니하며 ⁵무례히 행하지 아니하며 자기의 유익을 구하지 아니하며 성내지 아니하며 악한 것을 생각하지 아니하며 ⁶불의를 기뻐하지 아니하며 진리와 함께 기뻐하고 ⁷모든 것을 참으며 모든 것을 믿으며 모든 것을 바라며 모든 것을 견디느니라"_고린도전서 13:1~7

성경은 고린도전서 13장 마지막 절에서 '믿음·소망·사랑 중에 제일은 사랑이라'고 정의를 내린다. 본문을 보라. 천사의 말을 할지라도, 산을 옮길 만한 믿음이 있을지라도, 네 몸을 통째로 불사르게 내어줄지라도 사랑이 없으면 다 '뻥'이라고 하지 않는가! 그만큼 사랑은 중요하다. 때문에 우리가 사랑으로 인해 울고 불고 죽네 사네 하는 것이다. 반대로 사랑이 묘약이기도 하다. 최고의 율법과 선지자의 강령도 사랑이다.

"³⁷예수께서 이르시되 네 마음을 다하고 목숨을 다하고 뜻을 다하여 주 너의 하나님을 사랑하라 하셨으니 ³⁸이것이 크고 첫째 되는 계명이요 ³⁹둘째도 그와 같으니 네 이웃을 네 자신 같이 사랑하라 하셨으니 ⁴⁰이 두 계명이 온 율법과 선지자의 강령이니라"_마태복음 22:37~40

사랑에도 순서가 있는데, 그 흐름대로 사랑을 해야 쉽게 변하지 않는다. 왜? 사랑의 근원으로부터 흘러나오는 사랑이야말로 진짜 사랑이요, 영원한 사랑이기 때문이다. 그 순서는 하나님 사랑-이웃 사랑-자기 사랑이다. "하나님의 영광을 위하여!"라고 외치는 사람이 구호는 잘 외치는데, 자신의 집안과 스스로를 돌보지 않는다면 그것 또한 어불성설語不成說이다. 전도를 잘하는 사람은 영혼을 진심으로 사랑하는 사람이다.

🌿 물질과 명예보다 중요한 것은 은총이다

> "많은 재물보다 명예를 택할 것이요 은이나 금보다 은총을 더욱 택할 것이니라"_잠언 22:1

사람에게 있어서 최후의 선택, 가장 중요한 기준이 잠언 22장 1절에 나온다. 사람들은 하나같이 내게 얼마나 유익이 있느냐를 따지며, 결국 돈에 따라 움직인다. 마음이 가는 곳에 물질이 있는 것이 아닌, 물질이 있는 곳에 마음이 가는 게 우리의 실체다. 그런데 말씀은 뭐라고 하는가? 물질보다 명예를, 명예보다 은총을 택하라고 말씀한다. 은총恩寵은 무엇인가? 은혜 은恩자와 사랑할 총寵자를 써서, 하나님께 받는 특별한 은혜와 사랑을 말한다.

우리가 성경을 보면 한 시대를 아름답게 살아간, 쓰임받은 사람들은 은총을 받은 사람들이다. 요셉은 어릴 때부터 아버지의 사랑의 듬뿍 받았다. 다니엘은 환관장에게 남달리 은총은 받았기에 인생 후반전을 가뿐하게 감당하는 자가 되었다. 사람은 밥을 먹고 사는 게 아니라 사랑을 받고 살아간다. 때문에 어떤 사랑을 받느냐가 중요하다. 고기도 먹어본 놈이 잘 먹는다고, **사랑도 받아본 사람이 사랑한다. 어릴 때 사랑을 못 받은 사람들은 평생을 방황한다. 마음의 허기짐, 애정결핍이 한없이 사람을 피곤하게 한다. 계속 방황하고 사랑을 찾아서 헤매기 때문이다.**

요셉과 다니엘이 굉장히 어려운 환경에 있었지만, 사랑받는 데는 성공을 한 사람들이다. 특히 요셉은 아버지의 사랑을 독차지했기 때문에 직속 상관의 사랑을 독차지했고, 상당히 어려운 일을 당해도 끄떡도 하지 않았다. 첫사랑이 왜 실패하는가? 그건 서툴러서, 경험이 없기에 실패하는 것이다. 어리버리하다 보면 사랑하는 사람이 떠나 버린다.

100-1은 얼마인가? 성경을 보면 오직 성령이 임하실 때 권세와 능력을 받고, 오직 성령의 충만을 받을 때 우리가 좋은 사람이 되며, 오직 성령의 열매가 나타날 때 일이 된다고 한다. 한 예로, 다윗이 범죄하고 돌이켜 기도하는 중에 "하나님, 제발 제게서 성신을 거두어 가지 마소서"라고 기도하는 것이다. 즉 100에서 하나님의 성령 하나를 빼면 '뺑'이라는 것이다. 쉽게 말해, 우리가 건강을 잃어버리면 건강 하나를 잃어버리는 게 아니고 다 잃어버리는 것과 같다.

🌿 사랑이 없으면 아무것도 아니다

사랑의 동기가 아니면 말도 하지 말라고 했다. 이런 믿음의 사람들이야 말로 정말 멋있게 살아간 사람들이다. 성공한 사람들이다. 우리가 다른 것에서 성공해도, 즉 사업은 성공하고 건강을 잃어버린다거나 정치는 성공하고 감옥에 간다거나 하면 남들 보기는 한평생 멋지게 산 것 같지만 사실은 사랑에 실패한 사람은 모두 실패한 것이다.

본문에 사랑은 오래 참고 온유하며 오랜 세월 속에서 숙성이 되어야 한다고 말씀한다. 즉 사랑도 익어가는 것이고, 자라는 것이라고 본다. 사랑이 거저 되는 것이 아니고, 참고 버티며 인내하고 온유하다는 것은 내 속에서부터 변화가 있어야 한다는 말이다. 내 속에서부터 내가 사랑을 받았기 때문에 말이다. 우리가 부모님을 생각하면 왜 마음이 짠한가? 부모님께서는 일평생 자녀를 위해, 나를 위해 뭐든지 희생할 수 있는 세상에서 유일한 존재이기 때문이 아닌가! 그래서 옛 말에 우리가 자식을 낳아 키워봐야 그제야 부모님 마음 안다고 하지 않는가! 그렇다. 사랑은 아무나 하는 것이 아니다. 사랑을 통해서, 실패의 쓴잔을 통해서 우리는 사랑을 배우고 성장해 가는 것이다.

우스갯소리지만, 나는 여자한테 두 번 차이고 나니까 "변찮는 주님의 사랑이~" 저절로 찬양되었다. 왜? 사람한테 실패를, 쓴맛을, 배신을 당해보니 오리지널 사랑, 무궁한 사랑, 변함없는 사랑과 같이 실패할 수 없는 하나님의 사랑을 깨닫게 된 것이다. 여호와의 인자하심을 알게 된 것이다. 우리가 성부 하나님의, 성자 예수님의, 성령 하나님의 삼 겹 줄 사랑을 느끼고 깨닫지 못한다면, 아니 삼위일체 하나님의 사랑을 받지 못한다면 이 세상의 사랑 또한 결코 성공할 수가 없다. 맨 정신으로는 한결같은 사랑의 사람이 되기 어렵기 때문이다.

내가 어릴 때 다니던 모 교회를 설립한 집사님이 한 분 계신다. 그분은 미국으로 건너가 거부가 되었는데, 역시 의인의 자손은 버림을 당하거나 빌어먹는 법이 없다. 그분은 뉴욕에 아파트만 100채가 넘는다. 한번은 그분이 아파트 몇 채를 처분해 예배당을 지어서 봉헌한다고 해서 그분의 집을 가보니, 바로 앞집이 록펠러 집이 있는 부촌 롱아일랜드였다. 여호와의 인자하심을 맛보면, 그분을 향한 첫사랑을 회복하면 우리의 인생에 놀라운 은총이 있지 않을까? 사랑으로만 사람을 감동시킬 수 있다. 또한 사랑으로만 우리가 주의 일을 할 수 있다. 내가 속한 모든 곳을 사랑의 왕국으로 만들어, 서로 뜨겁게 사랑하여 사랑의 온도가 떨어지지 않게 하라. 예수님처럼 사랑의 부자로, 사랑의 영향력으로 세상을 변화시키는 우리가 되길 소망한다.

나를 사랑하고 내 계명을 지키는 자에게는
천 대까지 은혜를 베푸느니라

출애굽기 20:6

사랑의 메신저,
축복의 통로가 되라

사람은 밥을 먹고 살아가는 것이 아닌 사랑을 먹고 살아간다는 말이 있다. 그만큼 우리는 사랑이 없으면 살 수 없다는 것이다. 그래서인가? 이 세상은 사랑이 부족하거나 사랑을 못 받으면, 애정 결핍으로 굉장히 피곤한 일이 발생한다. 그래서 우리는 가족 사랑, 이웃 사랑에서 나아가 애향심, 애국심을 논한다. 기-승-전-사랑 타령인 것이다. 그런데 여기서 우리는 날 구원해 주신 하나님을 얼마나 사랑하고 있는가에 대해 의문이 생긴다. 당신은 하나님을 얼마나 사랑하는가?

우리는 경천애인敬天愛人이란 말을 들어보았을 것이다. 하나님을 두려워하고 이웃을 사랑하라는 성경의 가르침이 담고 있는 동양의 사상이다. 이웃을, 즉 사람을 사랑하는 것인데 문제는 이 사랑이 그리 쉽지만은 않다는 것이다. 사랑을 쉽게 말하지만, 진짜 사랑하기란 사실 쉽지 않다. 그래서인가? 하나님의 사랑을 진정 이해하는 믿음의 사람들은 그리 많아 보이지 않는다. 더구나 이 시대를 바라보면 말이다.

> "15이름을 주신 아버지 앞에 무릎을 꿇고 비노니 16그의 영광의 풍성함을 따라 그의 성령으로 말미암아 너희 속사람을 능력으로 강건하게 하시오며 17믿음으로 말미암아 그리스도께서 너희 마음에 계시게 하시옵고 너희가 사랑 가운데서 뿌리가 박히고 터가 굳어져서 18능히 모든 성도와 함께 지식에 넘치는 그리스도의 사랑을 알고 19그 너비와 길이와 높이와 깊이가 어떠함을 깨달아 하나님의 모든 충만하신 것으로 너희에게 충만하게 하시기를 구하노라"_에베소서 3:15~19

축복이라는 단어, 즉 복이라는 말을 본문에서 해석하면 다음과 같은 의미를 가진다. 첫째, 하나님 앞에 무릎을 꿇는 것이다. 위대하신 분 앞에 무릎을 꿇고 엎드리면, 그 위대하신 분이 하사품으로 선물을 주신다. 그것을 복이라고 한다. 둘째, 함께하는 것이다. 좋은 사람의 실세가 되고, 가까이하며 함께하는 것이 복이다. 구약 성경을 보면, 하나님께서는 여호수아와 솔로몬 등 당신의 사람들에게 "두려워 말라. 놀라지 말라. 내가 세상 끝날까지 너와 함께하겠다"라고 말씀하신다. 이처럼 축복이란, 대단한 분이 나와 가까이하고, 함께하는 것 자체가 영광이고 특권이며 축복이라는 것이다.

사랑으로 우리의 속사람을 변화시켜야 한다

본문을 보면, '하나님 아버지 앞에 무릎을 꿇고 비는데[15절] 그의 영광의 풍성함을 따라[16절]'라는 말씀이 나온다. 믿음의 선배들은 일을 하기 전, 어떤 사역을 하기 전에 하나님께서 얼마나 영화로우신 분인가를 먼저 본 사람들이다. 스데반 집사를 보라. 그가 돌에 맞아 죽을 때 눈이 열리고 하늘을 보니 하나님의 그 영광스러운 모습과 보좌 우편에 계신 예수 그리스도의 모습, 그 엄청난 영광을 보지 않았는가! 그 영광스러운 모습에 압도가 되고 나면

이 세상의 서럽고 분한, 뭐 그런 것들은 별로 문제가 되지 않는다. 왜냐하면 그 영광스러운 것을 본 후에는 성령으로 인해 우리의 속사람을 능력으로 강건하게 하시기 때문이다.

긴 세월을 살다 보면 힘으로, 능으로, 깡으로, 돈으로도 안 되는 일이 많다. 사람이 잔소리로 바가지 긁어서 되는 것이 아니다. 그러나 성령님이 사람의 마음을 만져주시고 고쳐주실 때, 성령님이 그 사람을 감화 감동해 주실 때 비로소 우리는 성령의 능력으로 속사람을 강건하게 된다. 사투리 중에 "속 시끄럽다!"라는 말이 있다. 내면의 세계가 헝클어져 있고, 쓴 뿌리가 있는 사람은 아무래도 골치가 아픈 것이다. 이런 우리의 속사람을 만져주고, 탈 없이 그리고 상처가 없게 어루만져 주실 분은 오직 성령님뿐이다. 성령께서 임하실 때, 성령에 의해 감화 감동할 때 속사람이 강건해진다.

"너희의 믿음의 역사와 사랑의 수고와 우리 주 예수 그리스도에 대한 소망의 인내를 우리 하나님 아버지 앞에서 끊임없이 기억함이니"_데살로니가전서 1:3

본문 17절을 보면, "믿음으로 말미암아"라는 말이 나온다. 데살로니가전서 1장 3절의 말씀을 보면, 믿음은 역사하고 사랑은 수고하며 소망은 인내한다고 하였다. 즉 믿음과 소망과 사랑이 만나면 아름다운 하모니를 이루게 되는데, 이 하모니는 하나님의 은혜가 내려올 때 비로소 온전하게 형성된다. 그래서 한 사람에게 이 믿음과 소망과 사랑이 하나님의 은혜로 온전히 형성될 때, 그 사람의 인품에 아름다운 향기가 되어 마음의 쓴 뿌리가 뽑혀지고 굳어져 있던 마음이 말랑말랑해진다. **한마디로, 예수 그리스도가 내 안에 살아 계시고 역사함으로 인해 나의 인품이 온전히 변화되어 완전함에 이르게 된다.**

본문 18~19절을 보면, "사랑을 알고 그 너비와 길이와 높이와 깊이가 어떠함을 깨달아"라는 말씀이 나온다. 이것은 사랑의 흐름이다. 사랑은 우리 마음속에 부어져서 철철 흘러넘쳐 계속 다른 사람에게로 흘러가야 한다. 앞서 말했듯이, 하나님 사랑-이웃 사랑-자기 사랑으로 흘러갈 때 우리는 하나님 영광의 풍성함을 보게 될 것이다. 백화점 명품관을 가 보았는가? 나도 가보지는 못 했지만, 가끔 TV를 통해 보면 엄청나게 멋지고 좋으며 대우를 해주는 것을 보았다. 하나님의 영광은 이에 비할 수 없을 정도로 엄청난 영광이지만, 하나님께서는 우리에게 주님의 일을 맡기시기 전에 그 영광을 보여주신다.

하나님의 영광을 본 자는 어떠한 어려움과 고난이 찾아와도 눈 하나 깜짝 안 하게 된다. 왜? 엄청난 주님의 영광에 압도되어 모든 두려움을 극복할 수 있기 때문이다. 이 세상을 당당하게 살아갈 수 있는 담대함이 생겨난다. 그래서 스데반도, 사도 바울도, 예수님의 제자들도 주님으로 인해 받는 핍박에 눈 하나 깜짝 안 하고 복음을 들고 땅 끝까지 나아갈 수 있었던 것이다. 우리도 주님의 영광을 보게 되면 이 세상의 고난쯤은 아무것도 아닐 터! 삶의 품격이 변하게 될 것이다. 나아가 우리의 속사람이 거듭나면 마음의 쓴 뿌리는 물론 해결되지 못하는 모든 근심과 걱정과 두려움이 한방에 날아갈 것이다.

🌿 속사람을 성령 충만으로 채워야 한다

긍정적인 행복감이 많으면 면역 기능이 강화된다. 소화도 잘 되고, 의욕도 생기며, 부정적인 정서가 해독된다. 이처럼 행복감이 충만하면 매사에 적극적이고 능동적이며 창의적인 모습이 되는데, 문제는 우리 마음속에 나쁜 감정들이 해독은커녕 자꾸 저축이 된다. 그래서 본문에 성령으로 말미암아 속사람을 능력으로 강건하게 하라고 말씀하는 것이다. 우리는 마음을 비우는 게 아니라 채워야 한다. 우리 마음을 깨끗하게 비워놓으면 일곱 귀신이 들러붙는다는 말이 있다. 우리는 마음을 성령 충만, 은혜 충만, 진리 충만으로 풍성하게 채워야 한다. 그래야 헛된 마음이 자리 잡을 틈이 없는 것이다.

"16항상 기뻐하라 17쉬지 말고 기도하라 18범사에 감사하라"_데살로니가전서 5:16~18

우리나라 사람들이 가장 좋아하는 말씀이 데살로니가전서 5장 16~18절이다. 이 말씀처럼 우리는 항상 평상심을 유지하고, 배처럼 평형수를 유지해야 한다. 그러기 위해 우리는 19절에 이어서 나오는 말씀처럼 성령을 소멸치 말아야 한다. 성령만이 우리의 시끄러운 속사람을 다독이고 어루만져 주실 수 있다. 우리가 마땅히 빌 바를 알지 못할 때, 탄식하며 우리의 마음을 친히 간구해 주시는 분이 오직 성령님뿐이다. 우리에게 최고의 카운슬러가 되시는 보혜사 성령님은 우리의 속사람을 강하게 만들어주신다. 뿐만 아니라 우리의 마음에 주님의 사랑을 뿌리내리도록, 그래서 우리가 그분의 사랑을 알 수 있도록 해주신다.

하나님의 사랑은 엄청나다. 그분의 사랑은 변함이 없고, 불변하며, 끝이 없으시다. 그런데 우리의 생각으로는 이 사랑을 생각할 수도, 이해할 수도 없다. 오직 성령님만이 그 사랑을 깨닫게 하시는데, 그 사랑의 너비와 길이와 높이와 깊이를 알게 된다. 나아가 우리는 이 사랑을 깨닫게 되면 우리의 속사람이 늘 평안함을 유지하여 행복과 기쁨의 생활을 할 수 있다. 반면, 세상의 인심은 변덕이 죽 끓듯 한다. 때문에 세상의 사랑을 믿지 마라. 사랑하면 상처받고, 믿는 도끼에 발등을 찍힌다. 기대하면 그만큼 실망하게 되고, 음식 끝에 마음 상하며, 명절 끝에 파혼하고, 휴가 끝에 잘리는, 세상은 다 그런 것이다.

🌿 사랑의 메신저, 축복의 통로가 되라

한번은 밤중에 TV를 보는데, 거기에 차인태 장로님께서 나오셨다. 그분은 신촌 성결교회 장로님으로, 옛날에 장학퀴즈를 진행하신 분이다. 그런데 그분이 중간에 림프 암에 걸렸다. 이 암은 고약해서 수술로는 안 되고, 아홉 차례나 사선을 넘나들면서 항암 치료를 해서 거의 암을 잡았다. 그런데 이번에는 심장에 탈이 난 것이다. 심방 판막에 문제가 있어서 심장병 수술을 했는데, 그 다음에는 또 심장 수술한 곳이 곪아 터져서 입·퇴원을 반복했다고 한다. 그런데 그렇게 잘 나가던 분도 하시는 고백이 "아! 내가 할 수 있는 게 아무것도 없구나"라는 것이었다. 모든 일은 하나님께서 결재를 하셔야 한다. 생명도, 사랑도, 부귀도, 영화도 말이다. 그런데 그분의 감동은 지금부터다. 장로님께서 무려 열네 시간을 수술을 받는데, 부인 권사님께서 밖에서 기다리다가 지쳐서 수첩 기도문을 쓰셨다고 한다. 그리고 장로님께서 간증을 하시는데, 그 제목이 〈감사〉였다.

"하나님께서 나 같은 죄인을 이렇게나 많이 사랑하시는군요. 그런데 세월이 흘러갈수록 나는 죄인이네요. 로마서를 보니, 죄악이 더한 곳에 은혜가 넘친다고 기록되어 있네요. 하나님께서는 우리를 사랑하실 때, 예쁘고 똑똑하며 좋은 사람만 사랑한 것이 아니라 경건치 않은 자들도 사랑해 주셨네요. 죄 많은, 삭개오와 그런 세리장 같은, 다중인격자를, 죄 덩어리를 사랑해 주시니 이번에 수술을 마치고 회복되거든 하나님의 엄청난 사랑을 증거하는 사람이 되게 해주세요. 그동안 여러 사람에게 사랑을 받기만 했는데, 내가 듬뿍 받은 이 엄청난 사랑을 증거하는 사랑의 메신저로 사용해 주세요"라는 것이었다.

김학중 장로님을 잘 알 것이다. 그분의 간증도 딱 세 가지다. 첫째, 나는 축복의 통로이다. 둘째, 나는 하나님의 대사다. 셋째, 나는 사랑의 메신저. 이분처럼 우리는 어디를 가든지 사랑에 성공한 사람이 되어야 한다. 사랑에 실패하면 안 되는 것이다. 왜? 우리는 하나님의 사랑을 받은 자이기 때문이다.

"나를 사랑하고 내 계명을 지키는 자에게는 천 대까지 은혜를 베푸느니라"_출애굽기 20:6

하나님 사랑의 너비와 길이와 높이와 깊이를 아는 자라면, 우리의 사랑은 뿌리가 깊은 사랑이요 넓이가 우주를 품을 수 있는 그런 사이즈이다. 때문에 우리의 신앙생활도 호흡을 깊이 해야 한다. 기도의 자리를 확보하고, 깊은 기도까지 들어갈 수 있어야 한다. 나아가 눈을 들어 하나님의 영광을 바라볼 수 있어야 한다. 놀랍고 위대하신 그리고 전능하신 하나님의 영광을 바라볼 때 우리의 사랑은 더욱더 깊어지고 넓어진다. 밴댕이 소갈머리로 살아가지 말고, 매일 내 것만 챙기지 말고, 나라와 민족과 열방을 품을 수 있는 사람으로 변화되어야 한다. 하나님의 사랑은 가둘 수 있는 사랑이 아니고, 흘러넘치는 사랑이기에 가능하다.

이기적이고, 개인적인 것은 세상적인 사랑이지 하나님의 사랑이 아니다. **종교인이 아닌 하나님을 믿는 진짜 성도라면 우리는 하나님의 사랑을 담을 수 있는 도량을 가져야 한다. 그 흘러넘치는 사랑을 자연스럽게 흘러갈 수 있도록 우리는 사랑의 메신저로, 축복의 통로로, 이 세상 가운데 당당히 살아가야 한다.** 성령으로 속사람을 먼저 채우고, 하늘의 영광을 바라보며, 하나님으로부터 오는 사랑을 자연스럽게 흘러갈 수 있도록 하자. 그것이 우리가 회복되고 치유되는 길이며, 나아가 세상을 변화시키는 발걸음이 될 것이다.

진리를 알지니
진리가 너희를 자유롭게 하리라
마태복음 8:32

삶 가운데
거룩을 회복하라

교회마다 매년 '새생명 축제'가 있다. 그 새생명 축제가 요즘에는 다양한 이름으로 바뀌어 처음 교회에 초대되어 오는 사람들로 하여금 전혀 불편함을 느끼지 않게끔 한다. 우리 교회도 이와 같은 날이 있다. 바로 〈사랑과 행복의 초대〉이다. 우리도 매년 이 날을 정해 놓고 사람들을 특별히 초대하지만, 사람을 사랑하기란 참 쉽지 않다. 왜 그럴까?

세상의 많은 이들은 사랑한다는 명목으로 상대방에게 쉽게 상처를 주며, 사랑의 상처는 그 후유증도 상당히 크다. 어릴 때 사랑받지 못한 사람, 내면에 애정 결핍이 있는 사람은 자신의 문제들을 해결하기 위해 평생을 헤매고 방황한다. 특히, 한국 사람들의 DNA 속에는 '한'이라는 것이 각인되어 있기에, 사랑하며 행복하게 살아가기보다는 슬픔이 가득한 편이다.

우리가 늘 사랑 타령을 하고 있지만, 개뿔! 솔직히 사랑과 행복보다는 실제로는 미움과 갈등 속에서 늘 서로를 경계하며 살아간다. 이게 오늘날 보통 사람들의 모습이고, 내면세계다. "사랑은 아무나 하나~"라는 노래가 있듯이, 사랑은 정말로 쉽지 않다. 제대로 된 사랑을 해봤어야 건강한 사랑을 하지, 사랑을 알지도 못하고 해보지도 못 했으면서 무슨 사랑 타령인가!

나는 행복한 가정은 천연기념물이라고 생각한다. 사실 심방을 해보면, 남들 보기에는 멀쩡해 보여도 다 고만고만한 문제들을 안고 살아간다. 가슴앓이 하나씩은 있고, 마음의 상처와 쓴 뿌리로 기도제목이 한도 끝도 없는 가정들이 대부분이다. 100% 완벽한 가정은 없고, 100% 완벽한 인간도 없다. 그러니 공동체 안에 문제가 왜 없겠는가!

사랑 타령, 행복 타령은 이제 그만하자. 진정한 사랑과 행복을, 그것도 100% 완벽하게 누릴 수 있는 방법은 '진리'를 아는 것이다. 진리를 알아야 사랑도, 행복도 완벽해질 수 있다.

진리를 알지니 진리가 너희를 자유케 하리라

"진리를 알지니 진리가 너희를 자유롭게 하리라" _요한복음 8:32

몇 해 전, 부산에 있는 동서대학교와 경남정보대학교 그리고 부산디지털대학교에서 설립 52주년 기념 예배를 드렸는데 그날 순서를 맡음과 동시에 학교 자문위원으로 위촉을 받아 다녀왔다. 이 학교는 앞서 내가 한 번 소개했던 장승만 목사님이 세우신 학교이다. 미국에서 받아온 구제헌금 500만 원으로 세워져, 오늘날에는 부지가 23만 평이나 되고 교직원이 1천 2백여 명인 그런 학교가 되었다. 그런데 그날 순서지를 보니, 학교의 교훈이 "진리를 알지니 진리가 너희를 자유케 하리라"고 적혀 있는 문구가 눈에 들어왔다.

천안에 가면 백석대학교가 있는데, 이곳은 장종현 목사님이 세운 학교다. 처음엔 건물도 없이 통신학교로 세워진 학교인데, 지금은 기독교 글로벌 리더를 키우는 어마무시한 학교로 성장했다. 그런데 이 학교의 교훈도 "진리를 알지니 진리가 너희를 자유케 하리라"가 아니겠는가!

두 학교를 선전하려고 한 건 아니고, 결론이 이것이다. 하나님께서는 한 사람에게 진리의 말씀이 선포되게 하셨고, 진리를 따라간 그 한 사람으로 인해 역사를 뒤집어 놓으신다는 것이다. 아무것도 없는 그곳에 어마무시한 학교가 들어서자 지도가 바뀌었고, 그 주변에 어마무시한 사람들이 몰려들면서 지역의 문화도 바꿔 놓았다. 진리가 무엇인지 바로 알고, 그 진리를 붙잡으니까 하나님께서 놀랍게 역사를 하신 것이다. 뿐만 아니라 진리를 알기에 방황도 없다.

호세아를 보면, 이스라엘 백성들이 망하는 단계가 있다. 왜 이스라엘이, 세계에서 가장 똑똑한 민족이 왜 망했을까? 바로 하나님을 잃어버렸기 때문이다. 하나님을 아는 지식이 없으니, 무식하니까 죄를 짓고 방황하며 문제가 생기기 시작한 것이다. 이에 예수님께서 십자가에 돌아가실 때 "아버지 저들을 사하여 주옵소서 자기들이 하는 것을 알지 못함이니이다"라고 간구하셨다. 왜 자기를 향해 침을 뱉고 돌을 던지며 십자가에 못을 박는 그들을 향해서 예수님께서는 굳이 용서해 달라고 하셨는가? 그들은 천지 분간을 못하는 자들이기 때문이다. 예수님께서 누구신지 모르기 때문에 저런 짓을 하고 있는 것이다.

🌿 성부·성자·성령 하나님을 바로 알아야 한다

사람은 진리를 깨우치면 구도자의 진리를 따라가고, 그 깨달음에 각성이 일어날 때 변화가 일어난다. 때문에 우리는 진리의 말씀인 성경을 닫아놓고 살지 말고, 항상 펴놓고 살아야 한다. 혹 당신도 자동차 뒷좌석에 던져 놓았던 성경을 주일 아침 교회에 도착해서야 툭툭 털어 교회로 들고 오지는 않는가? 정말로 요즘 성경책조차 없는 성도들도 많다. 요즘 교회마다 워낙 시설이 잘 되어 있어서 영상으로 다 보여주니까 필요가 없는 것이다. 그래서 그런지 내가 종종 집회에 가는 기도원이 있는데 그곳은 7무無라서 참 좋다. 그중 하나가 그 흔한 빔 프로젝트가 없다는 것이다.

"주의 말씀은 내 발에 등이요 내 길에 빛이니이다"_시편 119:105

우리는 인생을 살아가면서 성경 속에서 길을 찾고 답을 찾아야 한다. 하나님이 누구신지 바로 알고, 성경 속에서 진리를 찾아 깨닫게 되면 팔자가 달라진다. 왜? 더 이상 방황하고 방탕할 여가가 없기 때문이다. 하나님을 찾고, 알았으며, 만났는데 더 이상 방황할 일이 뭐가 있겠는가? 다만, 하나님을 만홀히 여기지 말라. 속이지 말라. 하나님께서는 만홀히 여김을 받으실 분이 아니시다. 길이요 진리요 생명이요 부활 되신 예수님을 만나면 만난 사람도 팔자가 달라진다. 성령님은 어떠한가? 그분을 깨달은 사람 또한 인생이 달라진다.

"너희는 예루살렘 거리로 빨리 다니며 그 넓은 거리에서 찾아보고 알라 너희가 만일 정의를 행하며 진리를 구하는 자를 한 사람이라도 찾으면 내가 이 성읍을 용서하리라"_예레미야 5:1

예레미야 5장 1절을 보면, 정의를 행하고 진리를 구하는 사람 1명만 찾으면 예루살렘을 통째로 용서하시겠다고 말씀한다. 이것은 오늘날에도 우리에게 주신 하나님의 언약의 말씀이다. 현재진

행형의 말씀인 것이다. 그러나 이 시대 진리의 말씀은 소풍 가고, 우리가 사랑과 행복을 찾아서 열심히 다니지만 사랑과 행복은 그리 쉬운 것이 아니다. 왜? 사랑은 하나님께 속한 것인데, 하나님이 사랑이신데 그 사랑의 본체이신 하나님을 모르고 어찌 사랑을 할 수 있겠는가! 길과 진리와 생명 되신 예수님을 모르고 어찌 진리를 찾아갈 수 있겠냐는 말이다.

> "사랑하는 자여 네 영혼이 잘됨 같이 네가 범사에 잘되고 강건하기를 내가 간구하노라"_요한삼서 2절

> "내가 내 자녀들이 진리 안에서 행한다 함을 듣는 것보다 더 기쁜 일이 없도다"_요한삼서 4절

우리가 살아가면서 진리를 찾고 구하는 것은 아주 중요하다. 흔히 3중 축복, 4차원의 영성, 5중 복음이라는 말씀이 있다. 바로 요한삼서다. 영혼이 잘되고 범사가 잘되며 강건하기를 원하는 3중 축복보다 더 중요한 게 그 다다음 말씀인 요한삼서 4절이다. '내 자녀들이 진리 안에서 행한다' 함을 듣는 것보다 더 기쁜 일이 없다는 말씀이 바로 그 말씀이다. 왜? 나도 깨우치고 반듯하게 살아

야 하지만, 내 자녀들이 진리 안에서 살아가는 것이 가장 기쁜 일이기 때문이다. 솔직히 부모님의 관심은 오매불망 자녀들이 잘되는 것이 아닌가!

🌿 예수를 아는 것이 가장 고상한 지식이다

"또한 모든 것을 해로 여김은 내 주 그리스도 예수를 아는 지식이 가장 고상하기 때문이라 내가 그를 위하여 모든 것을 잃어버리고 배설물로 여김은 그리스도를 얻고" _빌립보서 3:8

사도 바울은 빌립보서 3장 8절에서 예수님을 아는 지식이 가장 고상하다고 말씀한다. 예수님을 알고 만나는 것이 최고이고, 가장 고상한 일이기 때문이다. 때문에 그는 다른 자랑거리는 배설물로 여긴다고 하였다. 다 해로 여긴다는 것이다. 그렇다! 우리가 살아가면서, 성경을 보면서, 기도하고 찬송하며 하나님을 만나가는 것이다. 전능하신 하나님 아버지는 생로병사生老病死와 생사화복生死禍福 그리고 흥망성쇠興亡盛衰를 주관하시고 섭리하시며 인도하신다. 우리는 그분을 알아가고, 성경을 통해서 예수님을 만나가야 한다. 그때 비로소 '나는 누구인가?'를 깨닫게 되는 것이다.

체코 프라하에서 얀 후스 Jan Hus가 종교개혁의 불씨를 일으켰다. 그분은 화형을 당했지만, 그 불씨가 독일의 마르틴 루터 Martin Luther에게 이어져 종교개혁이 시작되고 완성되었다. 그래서 우리는 칼빈주의, 성경주의, 정통주의, 보수주의라고 이야기하는 것이다. 칼빈의 5대 교리가 압축되어 있는 첫 번째 교리가 바로 인간은 전적으로 부패된 존재라는 것이다.

"기록된 바 의인은 없나니 하나도 없으며"_로마서 3:10

"모든 사람이 죄를 범하였으매 하나님의 영광에 이르지 못하더니"_로마서 3:23

"죄의 삯은 사망이요 하나님의 은사는 그리스도 예수 우리 주 안에 있는 영생이니라"_로마서 6:23

우리는 눈 씻고 찾아봐도 선한 구석이 단 한 곳도 없다. 사람은 전적으로 타락하고 범죄했으며 부패한 존재이기 때문이다. 이 몸과 마음으로 어찌 천국에 갈 수가 있겠는가! 그런데 우리 하나님은 사랑이시다. 하나님의 본심은 저주가 아닌 축복이요, 심판이 아닌 구원이시다. 어떤 아비가 자식이 사업할 때 부도나라고 기도하고, 어떤 어미가 딸이 시집가는 데 이혼하라고 기도하겠는가! 하물며 죄인 된 우리도 자기 자식을 사랑할 줄 알거늘, 우리를 창조하신 하나님 아버지께서 어찌 우리가 잘되기를 바라지 않으시겠는가!

그런데 우리는 이미 죄인이다. 천국에 들어갈 수가 없다. 이 딜레마를 해결하기 위해 오신 분이 바로 하나님의 독생자 예수 그리스도다. 하나님께서 세상을 너무나 사랑하셔서, 자신의 창조물을 구원하고자 외아들을 내어주신 것이다. 그리고 예수님만 믿으면 누구라도 멸망하지 않고 영생을 받을 것이라 말씀하셨다.

한번은 우리 교회에 한동대학교 장순흥 총장님을 모신 적이 있다. 그분은 학생 때부터 너무 천재라 일찍이 인생을 터득해 허무주의에 빠지셨던 적이 있었다고 한다. 허무주의에 빠져 있으니, '내가 이렇게 공부를 열심히 한들 결국 죽지 않는가!'라고 생각하셨다고 한다. '결국 죽는다면 빨리 죽자!'라고 생각한 어느 날, 요한복음 3장 16절의 말씀을 보고 이 딜레마를 한 방에 해결하셨다고 한다. '아! 멸망하지 않는 길이 있구나. 하나님이 보내신 예수님을 믿으면 멸망하지 않고 영생을 얻겠구나'라고 말이다. 그렇다! 사람은 깨달을 때 비로소 변화가 일어난다. 결국 그분은 요한복음 3장 16절을 통해 십 년 묵은 체증이 내려갔다고 한다. 평생을 우울증 환자같이 살았던 그가 한 순간 진리를 깨달음으로 인생 가운데 희망을 찾았다고 한다.

> "하나님이 세상을 이처럼 사랑하사 독생자를 주셨으니 이는 그를 믿는 자마다 멸망하지 않고 영생을 얻게 하려 하심이라"_요한복음 3:16

인간은 전적으로 부패한 존재라는 사실에 대해서 우리는 명확하게 알아야 한다. 그러나 하나님께서는 우리 모두가 구원받길 원하신다. 예수 그리스도만 영접하면, 마음에 모시면 하나님의 자녀가 되는 권세를 주셨다. 이게 바로 성경의 가르침이요, 우리가 반드시 깨달아야 할 진리이다. 나아가 우리가 진리를 깨달았을 때 비로소 우리는 더 이상 사랑과 행복을 찾아 방황하지 않아도 되게 된다. 왜? 진짜를 알았기 때문이다. 짝퉁 가방만 든 사람은 진짜를 가지기 전까지 계속 갈망한다. 그러나 진짜를 가진 사람은 절대로 짝퉁을 갈망하지 않는다. 마찬가지로 이제는 가짜에 속지말고 진짜 앞으로, 진리 앞으로 나아가자.

🌿 사랑의 결정체, 나의 가정을 점검하라

에베소서 5장의 부부관계의 핵심은 사랑과 존경이다. 아내는 남편을 존경하고, 남편은 아내를 사랑해야 한다. 나아가 이것을 교회와 예수님의 관계라고 설명한다. **부부관계에서 중요한 것은 사랑하는 관계가 되어야 하는 것 같지만, 사실은 부부는 사랑하는 관계를 넘어 존경하는 관계로 들어가야 한다.** 서로를 귀중히 여기고 아끼며 칭찬하고 존경하는 관계가 성경에서 말하는 부부관계이다.

한번은 아내와 함께 식사하러 갔다. 사실 우리 가족은 다함께 밥을 먹는 게 일 년에 서너 차례밖에 안 되는 것 같다. 오랜만에 아내와 식당에서 밥을 먹고 있는데, 옆 테이블의 신사 두 분이 한 시간 정도 함께 식사를 하면서 자꾸 나를 쳐다보는 것이다. 그래서 나는 내가 TV에 나오니까 쳐다보는가 싶었다. 그런데 그게 아니고 그 신사분이 가시면서 나에게 말을 거는데, 어떻게 아내에게 남편이 계속 존칭을 하냐는 것이다. 그러면서 자신은 단 한 번도 그렇게 한 적이 없다고 하신다. 나는 부부관계에서 존칭은 기본이라 생각한다. 혹 존경까지는 하지 않더라고 존칭은 서로를 존중하는 의미이기 때문에 그 가정의 기본이라 생각하는 것이다.

밖에서 사랑과 행복을 찾지 말고, 내 가정 안에서 사랑과 행복을 만들어가보라. 나아가 사랑스러운 사람만 찾을 게 아니라 내가 사랑스러운 사람이 되어 보자. 그러면 부부관계는 자연스럽게 사랑스러워지고, 서로 존경하면서 아름다운 가정을 이루어 나갈 수 있을 것이다. 그런데 우리가 여기서 더 생각해볼 문제가 있다. 가정의 목적이 무엇인가? 사랑과 행복인가? 물론 사랑과 행복도 중요하다. 그러나 성경에서 말씀하는 가정의 목적은 엄밀히 말해 행복이 아닌 '거룩'이다. 때문에 신랑과 신부가 만나서 알콩달콩 행복하게만 살려고 하면 안 된다.

"그런즉 너희는 먼저 그의 나라와 그의 의를 구하라 그리하면 이 모든 것을 너희에게 더하시리라"_마태복음 6:33

우리가 자녀들을 가르칠 때에도 편리로만 가르치면 안 된다. 아이들이 힘들어 하니까, "그래, 우리 아들딸 힘들지? 예배드리지 말고 그냥 자라"고 하면 안 된다. 자녀들이 진리 안에서 행하는 것보다 더 기쁜 일이 없는데, 부모님 세대는 고생고생해서 여기까지 왔는데 사랑하는 자녀에게는 가혹하게 못한다. 왜? 부모 자신이 진리에 대한 확신이 없기 때문이다. 매를 들어서라도 아이들을 진리로 인도해야 하는데, 편리를 따라가느라 정작 중요한 것을 놓치고 있는 것이다. 사랑 타령 그만하고 존경하라. 행복을 따라가지 말고 거룩하라. 그러면 결국 나머지는 하나님께서 책임져 주심을 잊지 말자.

나는 오늘날 이 시대에 사랑보다 존경을, 행복보다 거룩을, 편리보다 진리를 외치고 싶다. 그리고 우리가 진리를 찾고 알며 깨달아 자유하게 되길 진심으로 바란다. 나아가 구원의 감격과 주님의 평강이 당신과 당신의 가정과 당신이 속한 교회에 함께하길 소망한다. 샬롬!